目にやさしい 大活字

クラウド時代のハイブリッド手帳術

倉下 忠憲

C&R研究所

はじめに　新しい時代における手帳の使い方の提案

手帳の進化が必要な時代がやってきました。

「手帳の進化」とは、「手帳を捨て、スマートフォンを持とう」ということを意味してはいません。それは「進化」ではなく、ただの「変化」に過ぎません。

もちろん、スマートフォンの価値を否定しているわけではありません。スマートフォンがもたらす機能は有効に活用していきたいところです。しかし、紙の「手帳」を使わずに、何かもスマートフォンに置き換えても本当に問題がないのでしょうか。それは、セキュリティや電源の問題だけではありません。紙の手帳が持っている機能すべてを代用できるのか、という問題です。

スマートフォンが提供する機能は、たしかに手帳が提供する機能と重複しています。その重複部分だけに注目すればスマートフォンで、すべてやっていけるような気がします。でも、案外気が付いていないところに、手帳の利便性があるのかもしれません。そういった点を一切無視して、「手帳なんて必要ない」と言い切ってしまうのは、早計すぎるのではないでしょうか。

むしろスマートフォン＋クラウドの時代だからこそ、アナログツールが持つ力を再確認し、その力を最大限に活用していきたいところです。

「手帳の進化」とは、新しく生まれているデジタルツールと、旧来から存在するアナログツールのハイブリッドを指すものです。手帳が持っている機能を1つひとつ点検しながら、それぞれに最適なツールへと割り振っていく。それが新しい時代の「手帳」との付き合い方です。

今の時代、紙の手帳だけを「手帳」と捉えるのは狭すぎる認識です。むしろ、それぞれの役割に最適なツールを使い、その全体をシステムとして捉える考え方が必要になってきています。そのような考え方を用いれば、必要以上にツールの制約を受けることはなくなります。

本書は、「この手帳を使えばうまくいく」や「あの手帳が一番だ」といった内容ではありません。このデジタル・クラウド全盛時代において、手帳というものをどう考えるのか、そしてそれぞれのツールを「どんな目的で」「どのように使うのか」を紹介した本です。

CHAPTER-1では、現代の「手帳」を取り巻く環境について考え、その上でツールを組み合わせたシステム作りを紹介します。

CHAPTER-2以降は「手帳」が持つそれぞれの機能について具体的に解説していきます。**CHAPTER-2**ではスケジューリング、**CHAPTER-3**ではタスクマネジメント、**CHAPTER-4**ではメモ、**CHAPTER-5**では目標管理を扱います。それぞれの**CHAPTER**では、さまざまなツールが登場しますが、それらは1つの目的に向けたシステムの各要素として位置付けられます。

最後に**APPENDIX**として、ツール選びのちょっとしたコツを紹介します。複数のツールを組み合わせて使う分、こうしたツール選びにもさまざまな要素が入ってきます。その選択そのものも楽しむことができれば最高です。

ツールは「答え」ではありません。もし、ツールが答えであれば、成果を挙げている人はすべてて同じツールを使っていることでしょう。しかし、現実をみれば人それぞれにさまざまな手帳を使っています。重要なのはツールの使い方であり、その裏側にある「何を実現したいのか」という目的です。

本書では、その目的をセルフマネジメントとして捉え、そのためのシステム作りと具体的な使い方を紹介していきます。
では、新しい時代の「手帳の使い方」の提案を始めていきましょう。

2011年8月

倉下忠憲

CONTENTS

目次

CHAPTER 3

「Dailyタスクリスト」によるタスクマネジメント

CHAPTER 4 4種類のメモで実現する「どこでもメモ環境」

CHAPTER 5
「ハイブリッド手帳」によるセルフマネジメント

APPENDIX

ツールと楽しく付き合うちょっとしたコツ

CHAPTER-1

なぜ今「ハイブリッド手帳」なのか

01 ビジネスパーソンと手帳の関係

自分にあった手帳が選びにくくなっている理由

「どの手帳を使えばよいのかわからない」

こういった声が少しずつ増えてきています。最近のビジネス系雑誌で、手帳術が特集記事になっているのも、これらの状況を反映しているのでしょう。

仕事の進め方と手帳には深い関係があります。手帳がうまく使えていないと、余計なミスを発生させたり、不必要な仕事を抱え込むことにもなりかねません。成果が強く求められる時代において、よりよい「手帳の使い方」を必要とする人が増えるのは、おかしなことではありません。

すでに、手帳を日常的に使っている人からすると、「手帳の使い方」など難しい問題には思えないかもしれません。しかし、最近の手帳事情はたいへんに複雑です。あまりに複雑すぎて、手帳を選択するときに混乱しかねない状況になっています。

その理由について考えてみると、3つの理由が浮かんできます。

手帳の選択が難しくなっている理由

理由1　販売されている手帳の種類が多すぎる

手帳コーナー
たくさん種類がありすぎて、どの手帳を選べばいいのかよくわからないよ…

理由2　手帳代わりになるスマートフォンの登場

スケジュール管理には、手帳とスマートフォンのどちらを使った方がいいの?
手帳
スマートフォン

理由3　人々の働き方が多様化してきた

うちの会社は成果主義を導入しています
夜間勤務があり不規則です
月曜と木曜が休みです
管理する要素が人によってバラバラで、1つの手帳では間に合わない
Aさん
Bさん
Cさん

- 「手帳」の選択肢が増えすぎている
- 「手帳」代わりのスマートフォンの普及
- 人々の働き方が多様化してきている

これらについて、少しみていきましょう。

「手帳」の選択肢が増えすぎている

慌ただしい年末の手帳売り場をのぞくと、さまざまな種類の手帳を目にすることができます。その種類の多さに圧倒されてしまう人もいるでしょう。サイズだけとってみても、選択肢は多様です。ポケットに入る小さなものから、机の上で存在感を示すA５サイズ、書籍と間違えかねないほど厚みがある手帳もあります。カバーもビジネスユースを意識した黒色や茶色だけではなく、カラフルなバリエーションも増えてきています。

こうした見た目だけではなく、内容も多様です。スケジュール管理のページがバーチカル式かレフト式という違いや、１日に記入できるスペースの大きさ、付録として付いている情報などにも個性を持たせる手帳が増えてきました。さらに、もっと根本的なレベルで、綴じタイプの手帳か、システム手帳かという選択もあります。これら細かい条件をすべて考慮に加えれば、「手帳」の選択肢は膨大な数になってきます。

レストランなどでワインを選ぶときには、専門知識を持ったソムリエにアドバイスを求める場合がありますが、手帳の選択に関しても同様のサポートが必要になってきているといっても過言ではないでしょう。

現状ですら多様すぎるラインナップがあるわけですが、さらに毎年のように新しい手帳が登場してきます。選択肢の数は減ることはなく、増えていく一方という状況です。そして、その状況に拍車をかけるのがスマートフォンの存在です。

「手帳」代わりのスマートフォンの普及

スマートフォンは「手帳」に必要な機能をほとんど備えています。カレンダーを表示してスケジュールを管理するアプリケーションであったり、やるべきことをリスト化できるアプリ、さらにメモを残したり、情報を保存しておき必要に応じてそれを確認できるアプリなど、普通に手帳でこなしていることがスマートフォン1台でカバーできます。そうすると、このスマートフォンも「手帳」の選択肢の1つとして考えることができます。

スマートフォンが手帳の代わりとして注目される理由には、もう1つ「クラウドサービスとの親和性の高さ」が挙げられます。クラウドサービスを使えば、パソコン上とスマートフォンのデータを同期（内容を同一に保つこと）させることができます。

スマートフォンとクラウドサービスの組み合わせは、日常的にパソコンを使っている人には最適の環境です。パソコン上で入力したスケジュールであっても、外出中にスマートフォンから入力したスケジュールあっても、まったく同一のカレンダーに保存されます。使っている端末を気にすることなく、データを一元管理できるわけです。

一度こういう機能に触れると、手帳に物足りなさを感じることは確かです。実際に手帳を一切持たずに、スマートフォンだけで自分の情報を管理している人もいます。そういう人にとっては、スマートフォンも「手帳」の一種と言えるでしょう。

こうして、さまざまな種類が存在する「手帳」の一角にスマートフォンが登場したわけです。そういう意味でも、今や「手帳」の選択肢は、一目で眺められないほどの数になっています。「どういう手帳を使えばよいのかわからない」という混乱が起きても、まったくおかしくない状況なわけです。

働き方の多様化による手帳の多様化

もう1つ考えておきたいのが「働き方」の多様化です。

年功序列や終身雇用という言葉が、特に珍しく無かった時代では、「会社員」はだいたい似たような勤務体系でした。時間の使い方や仕事の進め方もそう大きく違うことはなかったでしょう。そして、そういう「正規雇用」の人々が働いている人の大部分を占めていたわけです。こういう時代では、同じ年齢のAという人とBという人の働き方が似ている可能性は非常に高くなります。

しかし、現代ではどうでしょうか。「非正規雇用」の労働者が増えてきているだけではなく、同じ「会社員」でも、成果主義を積極的に導入する企業、社員の時間裁量を増やす企業、今まで通りのやり方を続ける企業と、働き方の多様性は増してきています。

仕事の進め方や働き方と手帳の使い方は大きく関係しています。働き方が多様化していけば、手帳の使い方もそれにあわせて変化するのは必然です。雑誌の「手帳術」企画を見れば、その多様さがよくわかります。

統一した「手帳の使い方」が語られにくい時代になった

現代の「手帳の使い方」は、手帳の選択肢の増加や働き方の多様化で、画一的な方法論で捉えるには限界が来ています。AさんとBさんが「手帳」という言葉を使っていても、それが指し示すものはまったく違うかもしれません。片方は紙の手帳、もう片方はスマートフォンというのでは、同じ話をするのは難しいでしょう。

また、スマートフォンや紙の手帳にはそれぞれ長所と短所があります。スマートフォンであれば電源の問題、紙の手帳であれば紙面の量の限界が、それぞれの代表的なデメリットになります。

このような環境では、「手帳の使い方」を考えるのはかなり難しい問題です。片手に話題の紙の手帳、もう片方の手に最新式のスマートフォンを握りしめながら、「さて、どう使おう」と途方にくれるシーンが、あちらこちらにあってもおかしくはありません。

高機能なツール群が登場し、選択肢が増えたことで、何か「手帳」を持っていればそれで大丈夫、というシンプルな方法論では立ちゆかなくなりつつあります。

スマートフォンやクラウドツールが一般化する時代には、新しい考え方で「手帳」を捉え直していく必要があります。

求められている視点の転換

新しいツールが登場し、働き方も多様化する時代においては、1つ1つの「ツール」に注目するのではなく、手帳を「システム」として捉え、多様なツールを適材適所で配置していくことが求められます。

『手帳進化論——あなただけの「最強の一冊」の選び方・作り方』（PHP研究所）の中で、

手帳評論家の舘神龍彦氏が「手帳観」という言葉を使っています。まさにこの手帳観を変化させる必要が出てきているのが現代です。今まで、「手帳」と言えば、綴じられた1冊の手帳、あるいは入れ替え可能なリフィルを使ったシステム手帳という、たったひとつのツールを意味していました。これからは、自分の情報を管理する大きなシステムとして「手帳」を捉えていく必要があります。

手帳を1つのシステムとして考えるとは、具体的にどのようなことを指すのでしょうか。基本的には、自分が管理したい情報は何なのかを考えたうえで、それらを最適なツールに割り振っていく、というアプローチになります。つまり、単一のツールに注目するのではなく、複数のツールから1つの「システム」を構築していく、という考え方になります（システムについての考え方は、枝廣 淳子・内藤 耕 著、講談社刊の『入門！システム思考』を参照してください）。

この考え方であれば、高機能のデジタルツールを使いながらも、紙の手帳の良さを引き出すことができます。それぞれのツールは自分が得意なことをこなして、弱点の部分は他のツールが補う。そしてそれらの組み合わせ全体で「手帳」の機能を実現する仕組みを作ることです。

本書では、システム化された手帳の1つの形として、アナログ、デジタルのツールを統合した「ハイブリッド手帳」システムの作り方を解説してきます。

02 「ハイブリッド手帳」システムの目的

「ハイブリッド手帳」システムを作る理由

まず、「ハイブリッド手帳」システムを使う目的を明確にします。そのシステムを使って何をするのかが明確にならない限りは、有効なシステムを構築することはできません。「手帳」を使う目的とは何でしょうか。簡単そうな問題ですが、手帳の使い方で右往左往してしまう場合は、これがはっきりしていないことが多くあります。

情報を保存・確認・参照するための手帳

では、手帳を使う目的とは何でしょうか。一般的な手帳を思い浮かべれば、「スケジュールを管理すること」という答えがぱっと浮かんできます。しかし、それは手帳の1つの側面でしかありません。一般的な手帳に含まれているものを書き出してみましょう。

まずは、マンスリーやウィークリーなどのカレンダーです。これは「予定」を管理するためのものです。さらに「タスクリスト」や「**ToDo**」を記入する欄もあるはずです。これを「タスク管理」と呼んでおきましょう。プロジェクトに必要なデータや、あるいは路線図などの備忘録的なものも含まれています。これらは「資料」を管理しているといえるでしょう。

これらを総合的に捉えれば、手帳の機能とは「情報の管理」ということになります。もう少し詳しくいえば、「自分の情報を管理すること」になるでしょう。「管理する」とは、単に保存することだけを意味しません。「手帳に書いてあったけど、忘れていた」のでは、手帳を使っている意味はありません。保存するだけでなく、必要なタイミングでそれを確認できなければなりません。

さらに、時間が経った後でも、それらの情報を参照できるとより効果的です。企業でも売り上げ計画を立てる場合は、過去のデータを活用します。自分の過去の情報を参照できれば、これからの自分の行動を考える上で役に立ちます。

このように、情報を保存・確認・参照できる環境を提供するのが手帳の機能です。

セルフマネジメントツールとしての手帳

もう1つの目的が「主体性の獲得」です。

他人から言われた予定や仕事を書き込んでいるだけでは、人にコントロールされるために手帳を使っているようなものです。「言われたことをこなしていればよい」という立場にいるのであれば、そういうやり方でも問題ないでしょう。しかし、主体的に行動を起こさなければ何も始まらない状況もあります。それは仕事上の立場の変化（出世・独立）であったり、プライベートに関する出来事（資格試験、旅行の計画……）であったりと状況はさまざまです。

それらは、「他人が指示してくれる」のを待っていては何も進みません。こういった事柄を効果的に進めていくためには自分の持っている時間や労力といった資源を適切に分配していくことが必要です。「手帳」というツールは、これらを補助する働きもあります。

つまり、単に物忘れを防ぐためだけではなく、自分の時間の使い方を変えていくことも「手帳」というツールを使う目的の1つです。数多く存在する「手帳」の中には、目標管理のための機能を特化させたものもあります。今後、会社に頼り切りでは済まないような社会状況がやってくるならば、手帳が持つ機能のそういった側面はより強く必要とされるようになってくるでしょう。

これらの機能は、自分自身をマネジメントすること――セルフマネジメント――と言えます。つまり、手帳というのは自分を対象としたマネジメントツールとしても捉えることができるわけです。

これからの時代において、「手帳」のセルフマネジメントツールとしての側面は、より重要性を増していくでしょう。もちろん「ハイブリッド手帳」システムにおいても同様です。

03

「ハイブリッド手帳」システムの構築

手帳をハイブリッド化する

「ハイブリッド手帳」システムには、ここまで触れてきたこと以外にも重要なキーワードがあります。それが、「ハイブリッド」です。これは、私が「手帳のシステム化」以外でも意識しているキーワードでもあります。

最近では街中でハイブリッドカー（ハイブリッド電気自動車）をよく見かけます。ガソリンエンジンと、電気モーターを複合させたのがハイブリッドカーです。ガソリンエンジンは低速度での効率はあまり高くありません。ハイブリッドカーではその部分については電気モーターを使うことで、全体の燃費効率を上げています。このように「2つ以上の異質なものを組み合わせて1つの目的を成すもの」が「ハイブリッド」です。

「ハイブリッド手帳」システムにおいて「異質なもの」とは、「デジタル」と「アナログ」です。紙の手帳などのアナログツールと、クラウドサービスを前提としたデジタルツールはそれぞれ長所と短所が異なります。ハイブリッドカーのように、それぞれの長所を活かすように（あるいは短所を補うように）、うまく組み合わせるのが「ハイブリッド手帳」システムになります。まず、それぞれのツールの特徴を押さえておきましょう。

アナログツールの特徴

アナログツールは、特定の情報へのアクセスや記入の速度の面で優れています。多くの電子デバイスは、起動時間を必要とし、さらに目的のアプリやファイルにアクセスする時間も加わります。紙ツールであれば、付箋やしおりを挟んでおくだけで目的のページにすぐにアクセスすることができます。

　また入力形式の自由さも特徴です。文字で文章を書いた後に、イラストや簡単な図表を即座に加えることができます。アプリケー

「手帳」から「ハイブリッド手帳」システムへのチェンジ

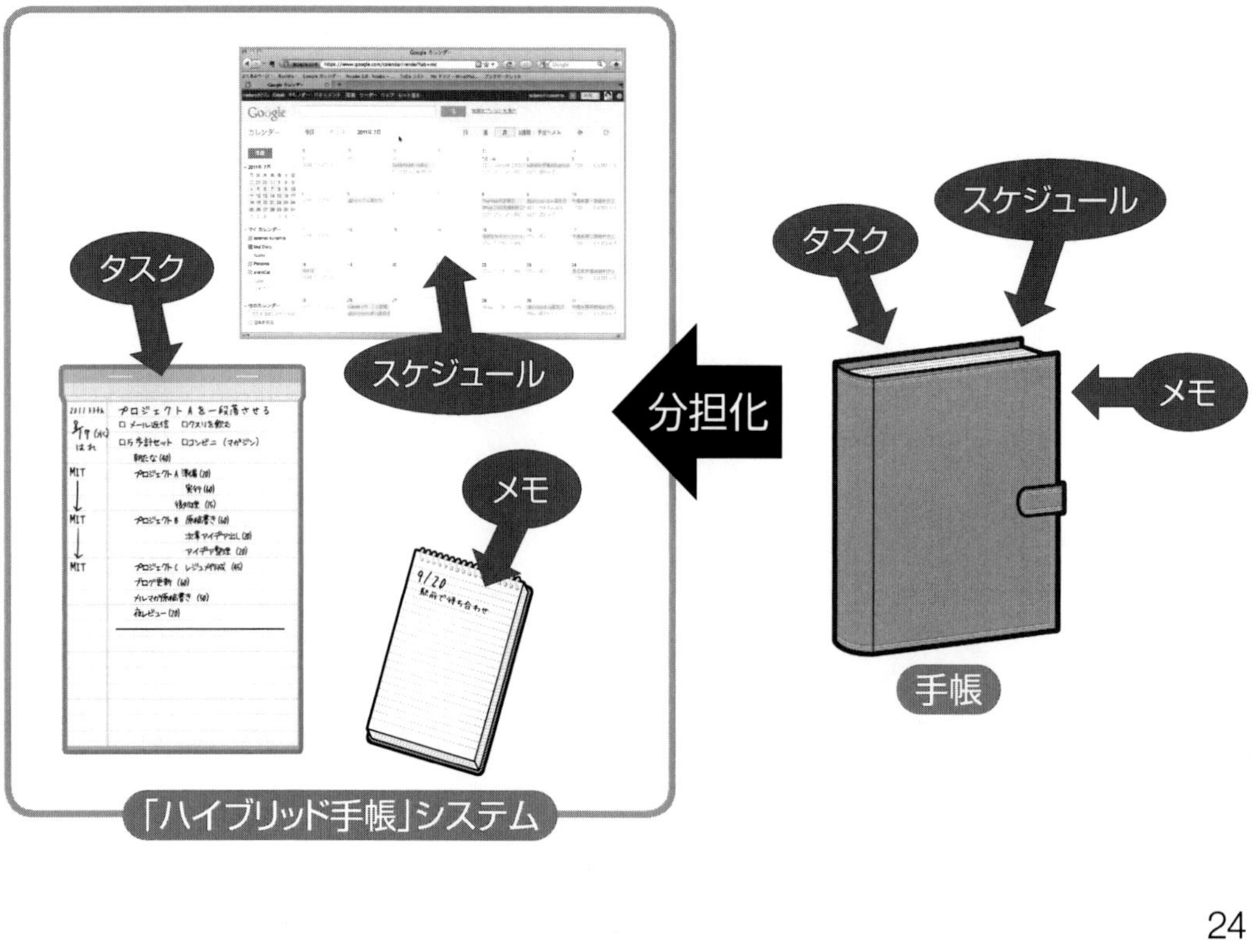

ションの切り替えやファイル形式などについて気にする必要はありません。

これら2つの特徴は、「フットワークの軽さ」と言えるでしょう。

また、あまり意識されることはありませんが、アナログツールは「見返しやすい」という特徴もあります。液晶画面は、長時間眺めていると目が疲れてきますが、紙の手帳であればその心配はほとんどありません。さらに、綴じられた手帳であれば、ぱらぱらと読み返すことも簡単にできます。

アナログツールの問題は、成果物への流れの悪さです。最近のビジネスシーンでは、企画書、レポート、メール、プレゼン資料などの成果物は基本的にデジタル形式でのアウトプットが標準です。アナログ形式で保存されているデータは、そのままの形では成果物に使うことができません。

もう1点の問題は、大量のデータが扱いにくいという点です。たいていの紙の手帳は1年分のデータ保存に最適化されています。2年では手帳2冊、3年では3冊……と時間が経つほど手帳の冊数は増えていきます。こうなると、アナログツールの「フットワークの軽さ」は消えてしまいます。ある情報を探すのに、数年分の手帳を1ページずつ見返す、という作業はそう楽なものではありません。

デジタルツールの特徴

デジタルツールの特徴は、データの編集機能です。消去、移動、コピーということが簡単にできます。さらに、電子メールでの送信や、コピーによるバックアップなどもデジタルツールならではといえます。このようにデータの編集を手軽に行えるのが1つの特徴です。

さらに、検索ができる点も強力です。キーワードから特定の情報を探し出せる機能は、保存されているデータが増えれば増えるほど、効果を発揮します。もちろん、紙のように保存データ量が増えても物理的な厚みが増すことはありません。

さらにその特徴を強めるのがクラウドツールです。複数間のデバイスでデータを同期できるクラウドツールを使えば、場所の制約や端末の制約を超えることができます。手帳を家に忘れてしまえば、取りに帰るぐらいしか対策はありませんが、クラウドツールであれば自分のパソコンを忘れても、他のパソコンから必要なデータにアクセスできます。

もちろん、電子デバイスにも短所はあります。電源を必要とする点、クラウドツールならば、電波が必要な点がそれです。また入力装置（キーボードなど）に慣れていないと入力しにくいという短所もあります。

また、パソコンやスマートフォンなどは多数の機能を備えているが故に、「気が散りやすい」という少し変わったデメリットもあります。パソコンを開けば、ウェブサーフィンやSNS

への誘惑が湧いてきますが、手帳ではそもそもそういう機能が付いていません（このあたりは個人差があるので、一般的な短所とは言えないかもしれませんが……）。

デジタルとアナログの融合

それぞれのツールの特徴を簡単にまとめてみましょう。

- アナログツール……フットワークが軽い。見返しやすい。電源などの制約がない。データの移動などが手間。検索ができない。
- デジタルツール……データの編集が得意。大量の情報を容易に扱える。クラウドツールと連携させることで複数の機器でデータの同期を取ることもできる。バックアップも簡単。電源などの制約がある。

最近のビジネスシーンでは扱うデータが増大する傾向がありますし、単純にデジタルでのアウトプットを考えれば、すべてデジタルツールで管理した方が効率的に思えます。取り回しやすいスマートフォンを持てば、手帳は不要と主張する人もいます。確かに仕事の環境によっては、それは1つの「正解」です。ただ、本当にそれだけが「正解」なのでしょうか。

こう書く私自身も、スマートフォンとクラウドツールを大いに利用しています。**iPhone**を無くしたり、**Google**がカレンダーサービスを終了したり、**Evernote**が無くなったりすれば、うまく仕事が進められないほど、多くの情報をクラウド上に保存しています。一度こういったツールを使ってみるとわかりますが、今まで使っていたツールは多くの制約を背負っています。そこから解放された感覚を味わうと、「紙の手帳」だけで自分の情報を管理するのには抵抗を感じることは確かです。

しかし、デジタルツールも短所があるのは先ほども書いた通りです。この短所を上回るほどの長所があるから、その部分については我慢してもデジタルツール1本で行くべき、というのはやや極端すぎる意見です。これではツールを使っているのか、ツールに使われているのかわからなくなってきます。

「ハイブリッド手帳」システムは、デジタルやクラウドツールの弱点を把握した上で、それを補うようにアナログのツールを配置していきます。言い換えれば、ツールの「いいとこ取り」を目指すのがポイントになります。その形であれば、全体の柔軟性は高まるだけでなく、無理な形でツールに使われることもありません。

必要なことは、それぞれのツールを「どのような目的で」「どう使うのか」という視点です。その視点があれば、ツールを変更したとしても、うまく運用していくことができるはずです。

その視点を持たずに、新しく登場するツールを次々と使っているだけでは、自分の仕事のスタイルと合致した手帳の使い方を見つけることはできません。

CHAPTER-2以降では、「ハイブリッド手帳」システムを構成する要素について具体的に紹介していきます。その際、ツールの紹介だけではなく、「どのような目的で」「どう使うのか」という部分も合わせて紹介します。それぞれのツールを使って、どのように自分のマネジメントを確立するのか、これが「ハイブリッド手帳」システムの大きな目的でもあります。

04 クラシタ式「ハイブリッド手帳」システム

クラシタ式「ハイブリッド手帳」システムの概要

私の「ハイブリッド手帳」システムは、「スケジュール管理」「タスク管理」「メモ管理」「目標管理」の4つから構成されています。基本的にクラウドツールがベースですが、アナログツールもたくさん含まれています。それぞれの情報は独立しておらず、川の流れのようにつながりを持っています。

クラウドでは**Google**が提供するさまざまなサービスと、**Evernote**が中心です。**Evernote**は**Evernote**社が提供しているクラウドサービスで、さまざまな情報をノートとして保存できます。無料版と有料版の2つのサービスがあり、無料版では毎月50メガバイトの容量をアップロードすることができます。有料版ではアップロードできる容量が1ギガバイトになり、ノートブックの共有などの無料版にはない機能も利用できます。

Evernoteにアップされたデータはノートという単位で保存されます。それらはノートブック（フォルダのようなもの）に仕分けて管理することもできます。ノートは、さまざまな要素・

条件から検索でき、大量にデータをアップしても必要なノートを見つけ出すことが可能です（**Evernote**についての詳細は、拙著『**Evernote**「超」仕事術』を参照してください）。

たくさんのツールを使っていても、しっかりとシステムとして考えられていれば、役割で困ることがありません。

自分の好みのツールを、最適に使い分けることができるので、気楽に楽しく「手帳」と付き合うことができます（「手帳」ツールに関しては、好みのツールを使うことが案外よい効果をもたらす

さまざまなツールで構成される「ハイブリッド手帳」システム

タスク管理

- **Evernote** ▶119ページ参照
  クラウド　タスクの倉庫として使われる
- **Dailyタスクリスト** ▶92ページ参照
  アナログ　1日のタスクを書き出して管理する

スケジュール管理

- **Googleカレンダー** ▶50ページ参照
  クラウド　月日ごとのスケジュール管理を行う
- **Weeklyプランナー** ▶54ページ参照
  アナログ　1週間単位でスケジュール管理を行う

目標管理

- **ほぼ日手帳** ▶200ページ参照
  アナログ　ライフログに利用する
- **文庫本ノート** ▶188ページ参照
  アナログ　「立ち止まりノート」として活用する

メモ

- **iPhone** ▶137ページ参照
  クラウド　テキストデータや写真を管理する
- **ロディア** ▶139ページ参照
  アナログ　メモパッドとして活用する
- **モレスキン** ▶156ページ参照
  アナログ　メモ帳として活用する

「ハイブリッド手帳」システム

ことに繋がります)。

もちろん、私もいきなりこの形にたどり着いたわけではありません。最初は1冊の「紙の手帳」からスタートしました。

2002年〜手帳、最初の一歩

最初に手にしたのは、バインダー型の小さなシステム手帳です。2002年のものなので、今から10年近く前の手帳になります。そのときはウィークリーのリフィルを使っていました。今に比べて管理する情報が少なかったので、小さい手帳で充分でした。しかし、その頃からメモ魔だったので、小さい手帳に加えてA6サイズのミニノートをセットにして持ち歩くようにしていました。この頃から複数のノートを使い分けていたわけです。

2003年からは、「ほぼ日手帳」を使い始めます。今では「オリジナル」と呼ばれている文庫本サイズですが、文庫本以上の厚みがあります。デイリーページが1ページの構成になっているので、この1冊でスケジュールとメモ帳の両方がこなせます。

「ほぼ日手帳」だけというスタイルが数年続いていましたが、Googleカレンダーというツールの登場で、それに変化がうまれます。

2007年〜クラウドの利便性を知る

2007年あたりから、仕事中にパソコンを触る時間が増えてきていたので、スケジュール管理をGoogleカレンダーで行うようになりました。自宅のデスクトップと仕事場に持ち込むノートブックで同じデータが扱える環境は大変便利です。

それでも、そのときには「ほぼ日手帳」にもスケジュールを記入していました。重要な予定はGoogleカレンダーから転記したり、パソコンがない環境で受け付けたアポイントメントなどを「ほぼ日手帳」に書いておき、後でGoogleカレンダーにそれを入力するという使い方です。また、パソコンは必ずしも持ち歩くものではなかったので、週に1回はGoogleカレンダーを印刷して、それを仕事用のファイルに挟んでおくという対応もしていました。

このときは使い分けというよりも、アナログツールをバックアップ的に捉えていました。つまり、「クラウドツール」をそれほど信用していなかった、というわけです。これが変わったのは、iPhoneの導入以後です。

2009年〜iPhone導入後の環境

2009年にiPhoneを導入してから、予定の管理に関して紙の手帳をまったく必要としなくなりました。例えパソコンを持ち歩いていなくても、iPhoneは常にポケットに中にあります。Googleカレンダーにアクセスしたい時に、いつでもそれを見ることができるようになると、「ほぼ日手帳」に転記したり、印刷してカレンダーを持ち歩くことをしなくなりました。

それでも、やるべきことや仕事の情報は「ほぼ日手帳」に記入していました。この段階では、スケジュール管理をクラウドツールにアウトソーシングしたような感覚です。このあたりから「1冊の手帳」ではなく「手帳のシステム化」へと認識が変化していきます。別に紙の手帳を使わなくてもよいし、また1つのツールに縛られる必要もない、そう考えるようになると、自由な発想でツールを使えることに気が付きます。

デバイスの制約を超えられるクラウドツール、そしてさまざまなアプリケーションが存在するスマートフォンは、「ハイブリッド手帳」システムを構築する上で最適の環境です。そこにデジタルツールにはない特徴を持ったアナログツールを加えることで、今の私の「ハイブリッド手帳」システムが出来上がりました。

複数のツールを使うことで機能の本質が見えてくる

紙の手帳からクラウドツールまで、異なったツールを使ってみることで、初めてそれぞれのツールが持つ特徴を感じ取ることができます。当たり前に使っているツールでは、他と比較して何が便利なのか、不便なのかというのは意外に見えてこないものです。

もう1点、複数のツールを使ってわかることとは、それぞれの管理について必要な原理そのものは変わらない、ということです。アナログツールであろうが、デジタルツールであろうが、スケジュール管理の本質は変わりません。

たいていは、「なんだかうまくいかないな」という失敗の形でそれが見えてきます。ツールを変えることで、情報の管理の方法が変わり、それがうまくいかない原因を生み出します。以前の方法と、新しい方法を比較することで、うまくいく要素を見つけ出すことができます。

本書では、さまざまなツールを転々としてきた中で、私が見つけたその「うまくいく要素」をそれぞれのCHAPTERの中で紹介してあります。この本質の部分さえ押さえておけば、違ったツールを使ったとしてもうまく適応させることができるでしょう。

では、さっそく「ハイブリッド手帳」システムを構成する部門の1つである「スケジュール管理」から始めてみましょう。

Column

「ほぼ日手帳」とEvernote

今までにノートやメモ帳はたくさんの種類を試してきました。新しいツールが出ればちょこっと試してみたり、結局シンプルな大学ノートに戻ったりと、さまざまなノートを使ってきました。あまり「これでなくてはいけない」という気持ちは強くありません。そのため、使い終わったノートを並べてある棚を見ても、そこには統一感と呼べるものが一切感じられません。

しかしながら、「ほぼ日手帳」は2003年に使い始めてからずっと使い続けています。これはなかなか不思議な感覚です。たくさんの種類があるノートと見比べてみるとその感覚はより強くなります。「手帳」に関しては興味があり、さまざまな手帳について情報を集めているにも関わらず、毎年手帳シーズンになると『やっぱり「ほぼ日手帳」だよな』となってしまいます。たぶんそれぐらい惹かれる何かが「ほぼ日手帳」にはあるのでしょう(このあたりについては電子書籍の「ほぼ日HACKS !」を参照してください)。

もう1つ使い続けているツールといえばEvernoteがあります。パソコンのアプリケーションやウェブサービスもたくさんの種類があり、また今も生まれ続けていますがEvernoteは私の中では唯一無二な存在です。

特に、いろいろなノートを使ってみたくなる私のような人にはピッタリのツールです。複数のノートを使っている時に困るのが情報の分散です。必要な時に「あの情報はどこに書いたっけな」となってしまうわけです。それらもスキャンしてEvernoteに取り込んでしまえば、探す先は1カ所で済みます。新しい形の情報一元管理です。

Evernoteはクラウドツールなので、複数の端末から同じデータを参照できます。出口が複数あるわけです。同じように入り口も複数あるというのがポイントです。Evernoteを使っていれば、気兼ねなくいろいろなノートを試すことができます。これもデジタル化・クラウド化の恩恵です。

CHAPTER-2

「Weeklyプランナー」&Googleカレンダーによるスケジュール管理

05 スケジュール管理の全体像

手帳システムの中のスケジュール管理

手帳を使う用途で、一番大きな割合を占めているのが「スケジュール管理」です。月間のカレンダーで大まかな予定を調整したり、ウィークリータイプのリフィルで細かい予定を詰めていったりと、さまざまな「スケジュール管理」の方法があります。

『文房具を楽しく使う（ノート・手帳篇）』（早川書房）という本の中で、著者の和田哲哉さんは手帳について、「日付が印刷されているノート」と説明しています。たしかに、手帳という言葉からイメージされるのは「日付が印刷されているノート」が一番近いものでしょう。この機能がないものを手帳と呼ぶのは、憚《はばか》れるような気さえしてきます。それぐらい手帳というツールとスケジュール管理機能は密接に結びついています。

手帳をセルフマネジメントツールとして見た場合でも、スケジュール管理の機能はとても重要です。突き詰めて考えてみれば、成果を挙げられる人とそうでない人の差は「時間の使い方」に集約されます。皆に等しく与えられ、かつ有限な資源である時間をどのように使うのか。

ツールを使ったスケジュール管理の概要

◉Googleカレンダー

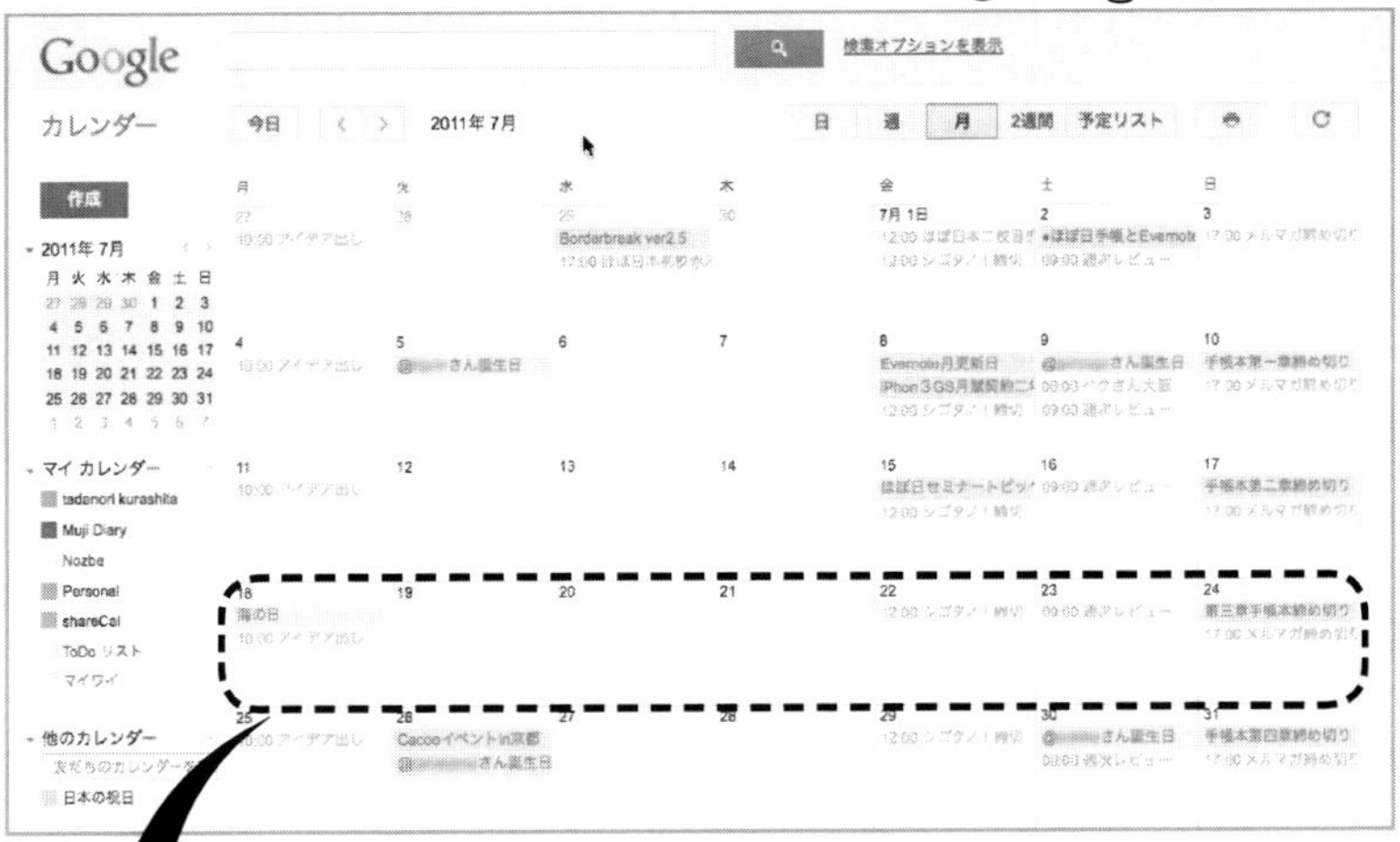

クラウドなのでどこから入力しても一元管理でき、自動通知で予定忘れも防げる

年月日の大まかな予定をすべて管理

Googleカレンダーで全体の予定を把握しておき、1週間の時間の使い方は「Weeklyプランナー」で計画する

◉Weeklyプランナー

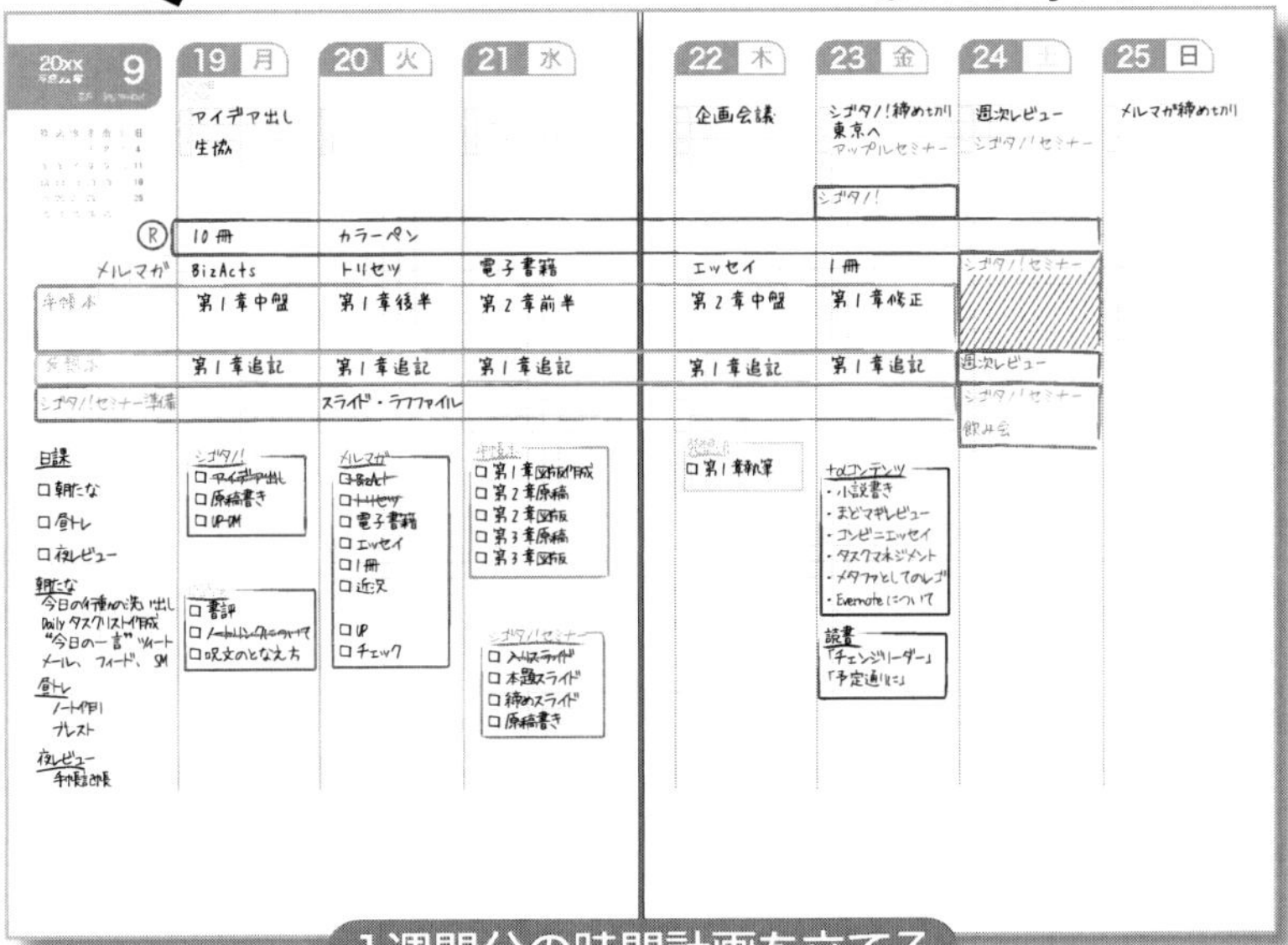

紙なので自由度が高く、「見える化」しながら計画を立てることができる

1週間分の時間計画を立てる

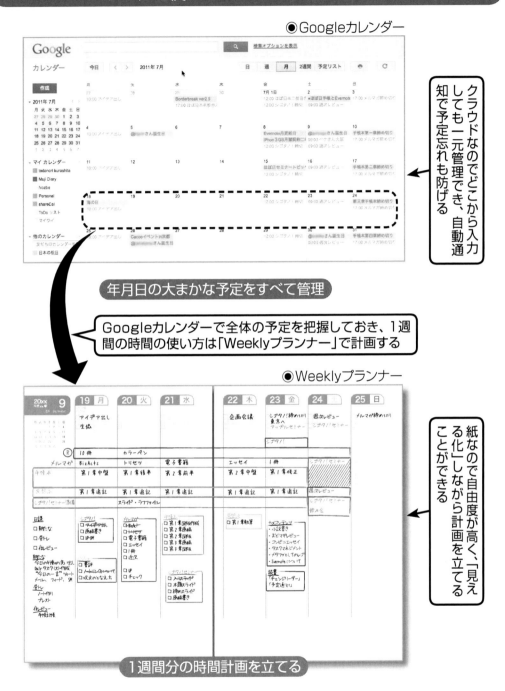

これが短期においても長期においても結果に影響を与えます。

手帳の主要な機能がスケジュール管理だとすれば、その使い方がそのまま時間の使い方に結びついてきます。言い換えれば、その人の時間との付き合い方を具現化したものが、「手帳の使い方」というわけです。

私は、手帳の「スケジュール管理」の機能を2段階に分けて、それぞれを別のツールに割り当てています。

1つはクラウドツールである「**Google**カレンダー」。こちらは手帳の月間カレンダーのように大まかな予定を管理するためのツールです。日付に関係する予定はすべてこのツールに集約してあります。

その予定を土台にして、1週間の計画を立てるのが「**Weekly**プランナー」です。こちらは「ほぼ日手帳」などの紙ツールを使っています。このツールは時間の使い方を「見える化」し、現実的な計画を立てるために使っています。

わざわざツールを分けているのは、もちろん意味があります。大まかなスケジュール管理と、1週間の計画では必要な機能が違っているからです。スケジュール管理の一部に関してはデジタル（あるいはクラウド）ツールの方が優れており、積極的に使う理由があります。しかし、それだけではフォローしきれない部分がどうしても残ります。その部分を無理矢理デジタルツールでごまかすのではなく、アナログツールに振り分けることで補完関係を作っています。

　つまり、私の「手帳システム」の中では、それぞれのツールは、2つで「スケジュール管理」の役割を担っています。どちらか単体だけで機能するものではありません。

スケジュール管理にありがちな失敗

　スケジュール管理に必要な機能とは一体何でしょうか。日常的に手帳を使っている人はあまり意識していないかもしれませんが、手帳システムを構築する上で一度考えてみるのも面白いでしょう。

　こういった問題は、逆の視点から考えてみるとはっきりしてきます。つまり、「スケ

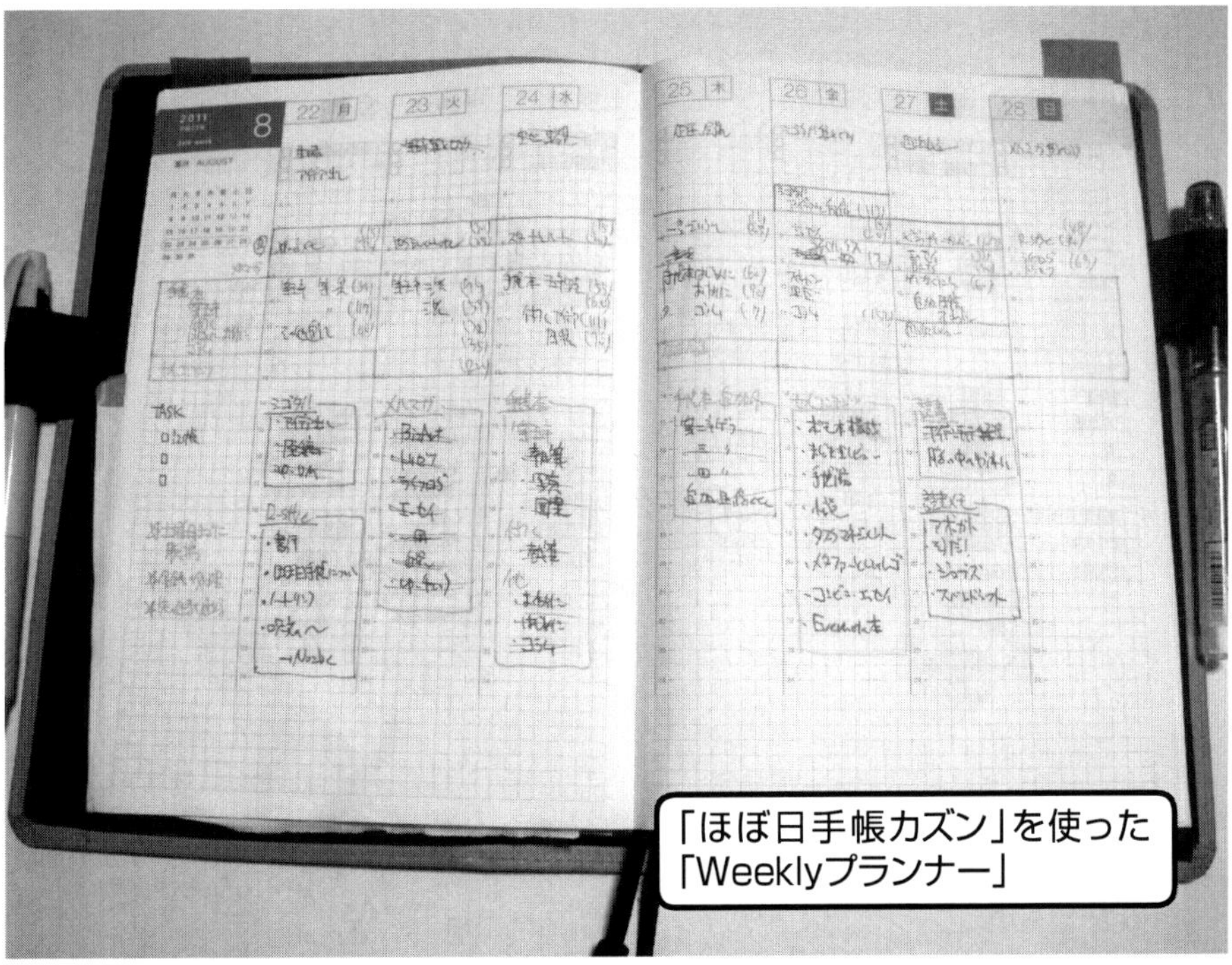

「ほぼ日手帳カズン」を使った
「Weeklyプランナー」

ジュール管理においてやってはいけない失敗は何だろうか」ということです。

1つは「約束したのにそれを忘れてしまう」ことです。数分の遅刻ならまだしも、その日の予定をうっかり忘れてしまうことは、社会人ならずとも大きな問題を生んでしまいます。

もう1つは「ダブルブッキング」です。同じ日、同じ時刻に別の予定を入れてしまうことは、必然的にどちらかの予定に穴を開けることになります。

スケジュールを管理する上で、このような事態はぜひとも避けたいところです。手帳というツールを使って日付に関する情報を管理するのも、こういったミスを避けるのが目的といえるでしょう。

このようなスケジューリングのミスには簡単な解決方法があります。それは、日付に関する情報を一元管理し、それを常備しておくことです。前述のトラブルは、「情報が散らばっている」か、「そもそも記入されていない」、あるいは「その情報にアクセスしにくい」ときに起こります。日付に関する情報を一元管理し、いつでもそれにアクセスできるならば、「うっかり忘れ」や「ダブルブッキング」をかなり減らすことができます。

手帳であれば、同じ手帳を常に携帯しておくことで一元管理が可能です。しかし、手帳を忘れてしまうミスや、手帳そのものを見忘れることによるミスは防ぎきれません。

クラウドツールである「**Google**カレンダー」を使えば、一元管理を実現しながら、手帳に起こりがちなミスを防ぐことができます。さらに、スケジュール管理において手帳では実現できないような機能も使えます。この部分においては、紙ツールよりもクラウドベースのカレンダーの方が遙かに強力なツールです。

自分の時間を確保するためのタイムマネジメント

「スケジュール管理」において、予定を漏れなく管理することはたしかに重要です。しかし、それだけで充分とはいえません。単に人から言われた予定を忘れずに管理しているだけでは、自分の時間などなかなか生まれないでしょう。単なるスケジュール管理から一歩進めて、主体的に時間をコントロールしていくことが必要です。

よく、「暇になったら片付けよう」や「時間ができたらやろう」という言葉を聞きます。しかし、その言葉通り達成されたものがどのくらいあるでしょうか。現実を見つめれば、時間はいろいろなものに使われてしまいます。意識的に確保しなければ、「時間ができたら」と考えるような時間はまず生まれてきません。

ドラッカーも「時間の使い方は、練習によって改善できる。だが、たえず努力をしないかぎり、仕事に流される」とその著書の中で述べ、主体的に時間を使うこと、「タイムマネジメント」の重要性を説いています。

「タイムマネジメント」というと難しそうな響きがありますが、要点は簡単です。

- 時間をまとめること
- やらないでよいことを見極めること
- 細切れ時間でも進められることをリスト化しておくこと

この中で重要なのは「時間をまとめること」です。重要な要件を検討したり、考えをまとめたり、あるいは自分自身と向き合うような時間は細切れ時間では対応できません。1時間なり2時間なりのまとまった時間が必要です。

たとえば、1日のうち60分という時間が確保できても、それが5分×12回では、考え始めたところですぐに終了時刻を迎えてしまいます。

作業時間を分割した場合とまとめた場合の比較

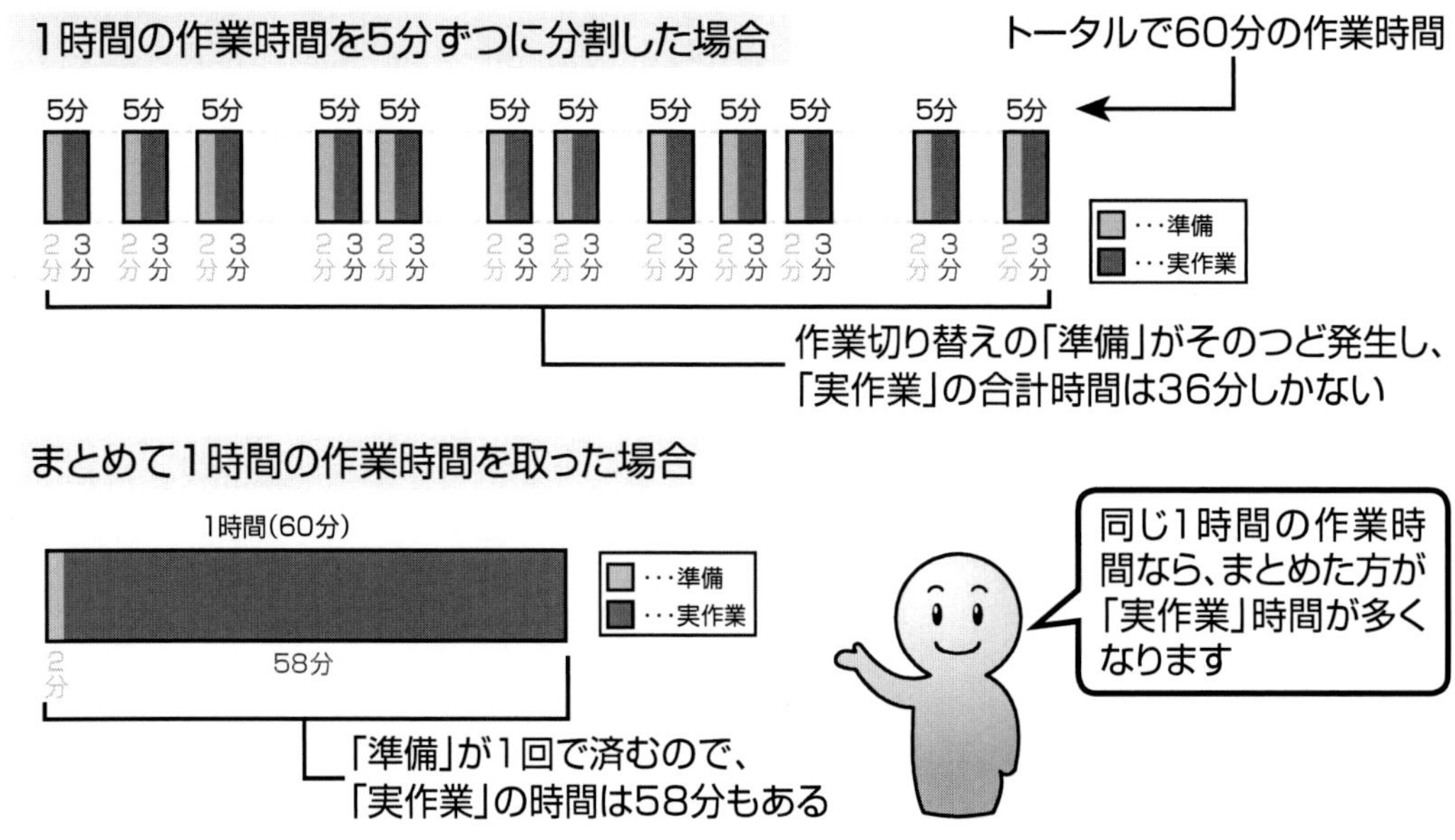

1時間の作業時間を5分ずつに分割した場合
トータルで60分の作業時間
5分
2分 3分
…準備
…実作業
作業切り替えの「準備」がそのつど発生し、
「実作業」の合計時間は36分しかない
まとめて1時間の作業時間を取った場合
1時間(60分)
2分
58分
「準備」が1回で済むので、
「実作業」の時間は58分もある
同じ1時間の作業時間なら、まとめた方が「実作業」時間が多くなります

ある程度大きな事柄に考えを向ける場合は、どうしても最初にある程度の時間が必要になります。古いパソコンは、電源オフの状態から起動するのに時間がかかりますが、それと似たようなものです。もしパソコンの起動に2分かかるとすれば、作業時間が5分では実質的に3分程度の時間しか純粋な作業時間を持てないことになります。それを12回繰り返したところで、36分ほどしか作業を進めることができません。じっくりと考えを進める場合もこれと同じようなことが起きます。

私はこういった現象を、「時間の分割払いは金利が発生する」と呼んでいます。これを防ぐためには、まとまった時間をどこかで確保することです。1日に1時間でも、1週間に2時間でも、適正な割合は人によって違うでしょう。ただ、主体的に時間を確保しないかぎり、見えないところで時間の過払いをしているかもしれないことは気を付けた方がよいでしょう。

タイムデザインで計画を具現化する

このタイムマネジメントの考え方で、スケジュールをコントロールするためのツールが、「**Weekly**プランナー」です。入ってきた予定と、自分自身の時間を合わせて、1週間の時間の使い方を「**見える化**」しながら計画していきます。

この際、ポイントとなるのは自分のために使いたい時間も他のアポイントメントと同じよ

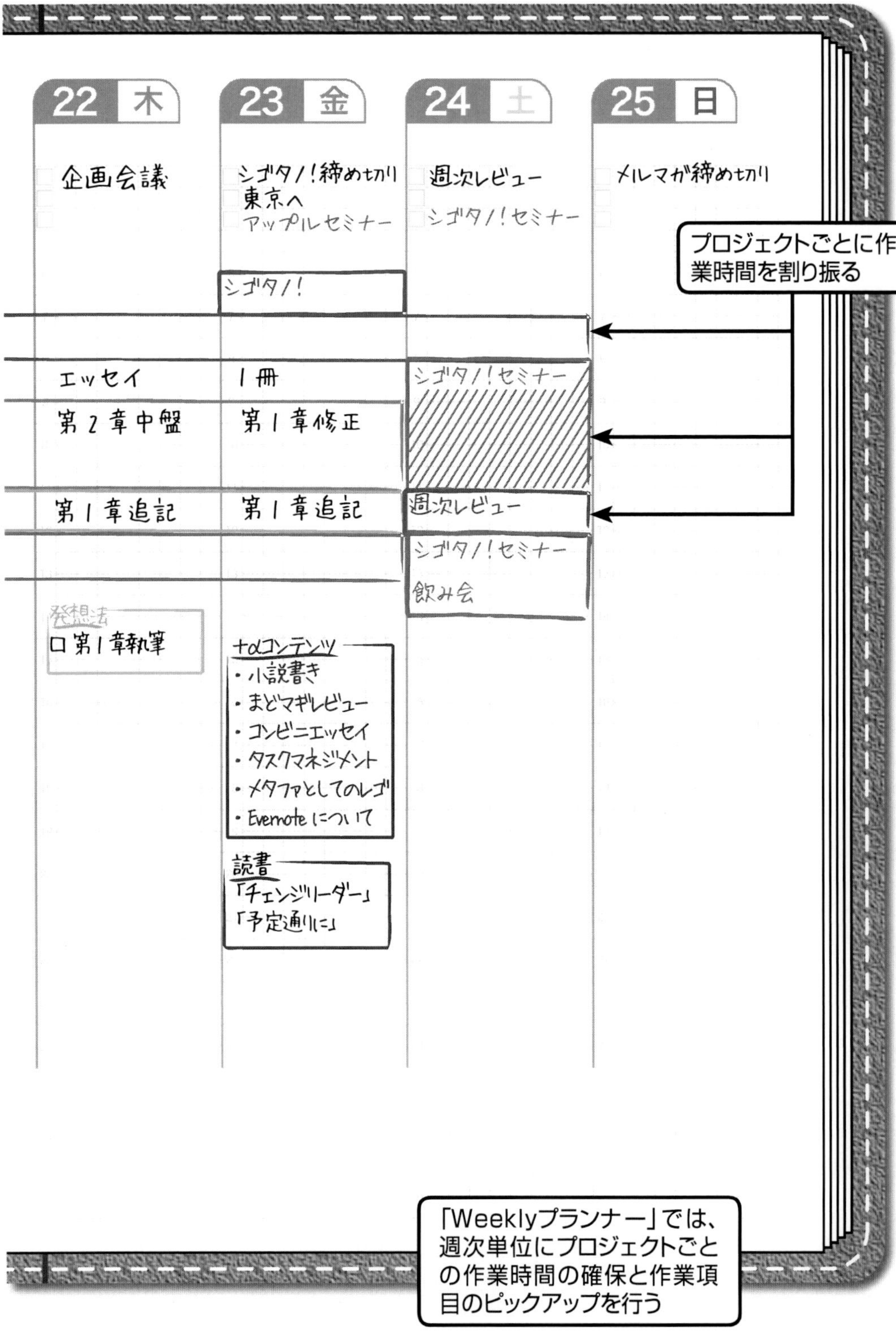
22 木
23 金
24 土
25 日
企画会議
シゴタノ!締め切り
東京へ
アップルセミナー
週次レビュー
シゴタノ!セミナー
メルマガ締め切り
プロジェクトごとに作業時間を割り振る
シゴタノ!
エッセイ
1冊
シゴタノ!セミナー
第2章中盤
第1章修正
第1章追記
第1章追記
週次レビュー
シゴタノ!セミナー
飲み会
発想法
□第1章執筆
+αコンテンツ
・小説書き
・まどマギレビュー
・コンビニエッセイ
・タスクマネジメント
・メタファとしてのレゴ
・Evernoteについて
読書
「チェンジリーダー」
「予定通りに」
「Weeklyプランナー」では、週次単位にプロジェクトごとの作業時間の確保と作業項目のピックアップを行う

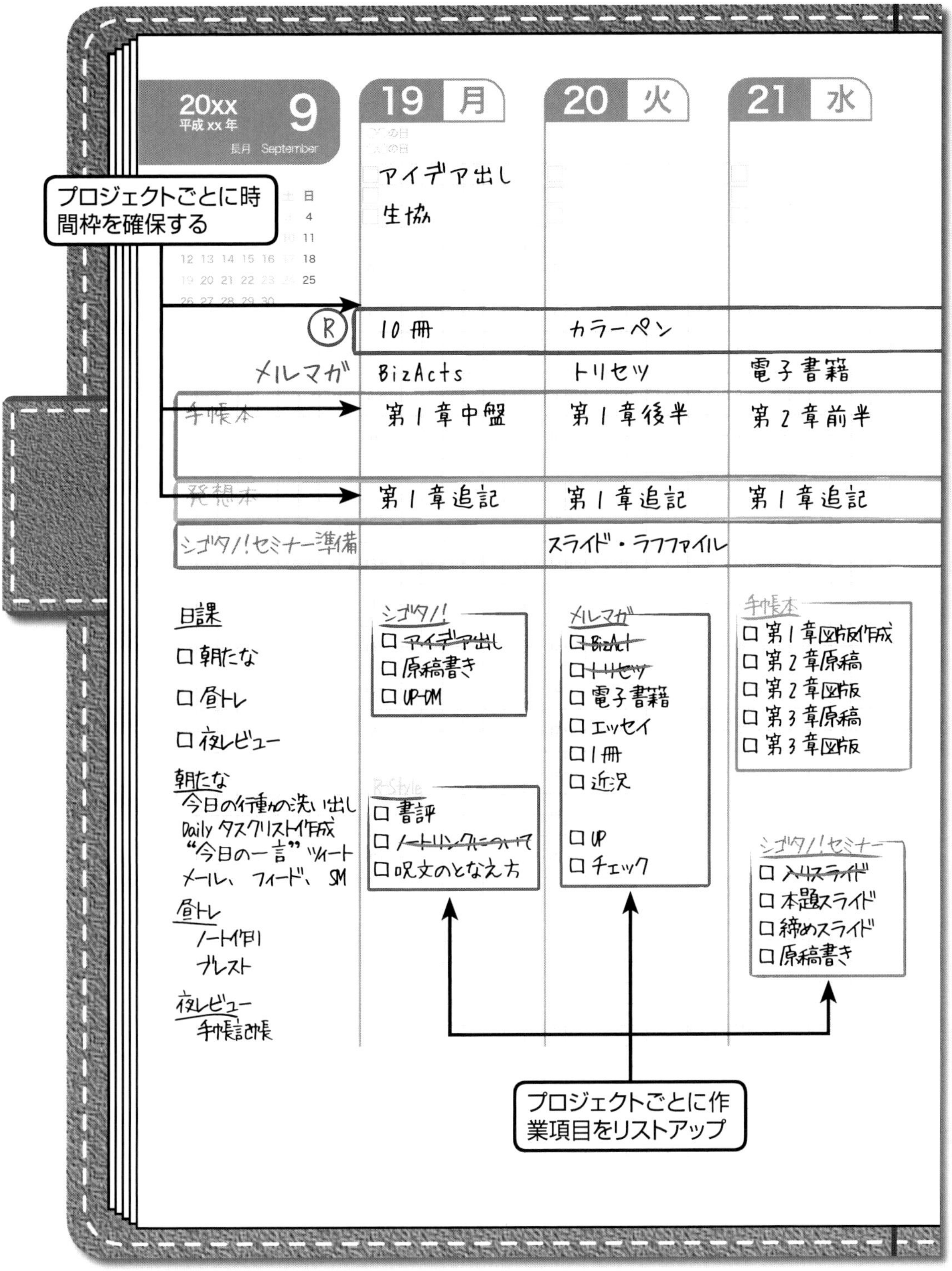

20xx
平成xx年
9
長月 September
19 月
20 火
21 水
プロジェクトごとに時間枠を確保する
アイデア出し
生協
R
10冊
カラーペン
メルマガ
BizActs
トリセツ
電子書籍
手帳本
第1章中盤
第1章後半
第2章前半
発想本
第1章追記
第1章追記
第1章追記
シゴタノ!セミナー準備
スライド・ラフファイル
日課
□朝たな
□昼トレ
□夜レビュー
朝たな
今日の行動の洗い出し
Daily タスクリスト作成
"今日の一言" ツイート
メール、フィード、SM
昼トレ
ノート作り
ブレスト
夜レビュー
手帳記帳
シゴタノ!
□アイデア出し
□原稿書き
□UP-DM
R-Style
□書評
□ノートリンクについて
□呪文のとなえ方
メルマガ
□BizAct
□トリセツ
□電子書籍
□エッセイ
□1冊
□近況
□UP
□チェック
手帳本
□第1章図版作成
□第2章原稿
□第2章図版
□第3章原稿
□第3章図版
シゴタノ!セミナー
□入りスライド
□本題スライド
□締めスライド
□原稿書き
プロジェクトごとに作業項目をリストアップ

うに扱うことです。そうして自分自身とアポイントメントを取って計画に入れないかぎり、「忙しさ」が理由になってその予定が消化される可能性は低くなります。

アポイントメントとして計画に組み込めば、予想外の仕事が舞い込んできても、予定の空いている場所にリロケーションすることができます。自分の頭の中にだけ「これをやろう」と思っているだけでは、単に忘れられてしまうだけです。

この1週間の計画を立てる作業は、デザインを行うのに似ています。1つ1つの予定が「パーツ」で、それを1週間の時間軸という平面上に配置していくわけです。その平面上に収まりきらないものは、当然省くしかありません。また、いくら時間が空いているからといって、1日に似たような作業を連続で入れるのも無理を感じます。

他にも嫌われる要素としては、余白がまったくないキチキチのデザインもあります。計画に関しても、24時間の時間軸がみっちり埋まったものは機能的ではありません。予定というのは、基本的にその通りにはいかないものです。

「スケジュールとは確率なり」

これはスコット・バークンの『アート・オブ・プロジェクトマネジメント — マイクロソフ

トで培われた実践手法』(オライリー・ジャパン)に書かれた言葉ですが、現実をよく表しています。きちきちに詰まった計画は、何か1つの予定がうまくいかなければ、すべての歯車が狂うことになってしまいます。

このように予定同士の機能を考慮し、全体を見据えながら計画を立てていく行為を「タイムデザイン」と呼んでいます。仕事のスタイルによっては、1週間ではなくもっと長いスパンのプランニングが必要な場合もあるでしょう。重要なのは、主体的な時間の使い方を頭の中だけで思い描くのではなく、それを計画として具現化しておくことです。

一度計画を立てて、時間の使い方を「見える化」すれば、それが現実的なものなのかどうかが判断できます。また、計画通りいかなかったときに、そのことがはっきり見えるようになります。計画を形にしないままでは、後から振り返ったときに、うまく時間が使えていたのかどうかを判断することができません。人の記憶は自分の都合の悪いことは忘れてしまいがちなので、記憶を頼りに過去を振り返ってもはっきりしたことは見えてきません。

私は、この「形として残す」という点を重視して、「**Weekly**プランナー」は紙のツールを使っています。また記入の自由度という点でも紙のツールを使うメリットがあります。

以上2つのツールの使い分けが、私の「手帳システム」でのスケジュール管理になります。それぞれのツールの使い方について、もう少し詳しく紹介していきます。

06 クラウドベースのスケジュール管理のGoogleカレンダー

「日付に関する情報」をGoogleカレンダーで一括管理する

Googleカレンダーは、その名が示す通り**Google**が提供しているカレンダーサービスです。**Google**の他のサービスと同様にアカウントを取得するだけで使い始めることができます。料金も無料です。もちろん、「クラウド」という点も他のツールと共通です。

クラウドツールではデータが自分のパソコン内ではなく、ネット上のサーバーに保存されているので、どの端末を使っても同じデータにアクセスすることができます。1つの端末で予定を変更すれば、その他の端末でもそのデータが同期され、いつでもどこでも最新の情報を閲覧することができます。

私は、「日付に関する情報」をすべてこの**Google**カレンダーで管理しています。パソコンか**iPhone**あるいは**iPad**があれば、同じカレンダーにアクセスできるので、手帳への記入漏れや転記ミスが起こりません。一元管理先としては、申し分ない存在です。

それ以外にも「**Google**カレンダー」にはさまざまな機能があります。中でも紙の手帳にはない機能は、次のようなものです。

- ●複数の端末での一元管理
- ●柔軟なビュースタイル
- ●リマインダー機能
- ●リピート機能
- ●1年を超える記録が可能

これらの機能はスケジュール管理において非常に活躍します。一度こういった機能に慣れてしまうと、手帳でのスケジュール管理では物足りなさを感じるかもしれません。この中でも、特に重宝する機能を紹介しておきます。

●Googleカレンダーの画面

リマインダーで予定を見逃さない

Googleカレンダーなどのデジタル・カレンダーにおいて、手帳との大きな差とも呼べるのが「リマインダー」と呼ばれる機能です。この機能はスケジュール管理において、大きな効果を持っています。

リマインダーとは、「思い出させてくれるもの」を意味しています。一般的にはあらかじめ設定した時刻に電子メールなどで予定を通知する機能やサービスのことを指します。

Googleカレンダーにおいても「通知」という項目でこの機能を使うことができます。通知は、パソコンのメールだけでなく、携帯電話などのモバイル端末へも飛ばすことが可能です。

●Googleカレンダーの通知機能の設定

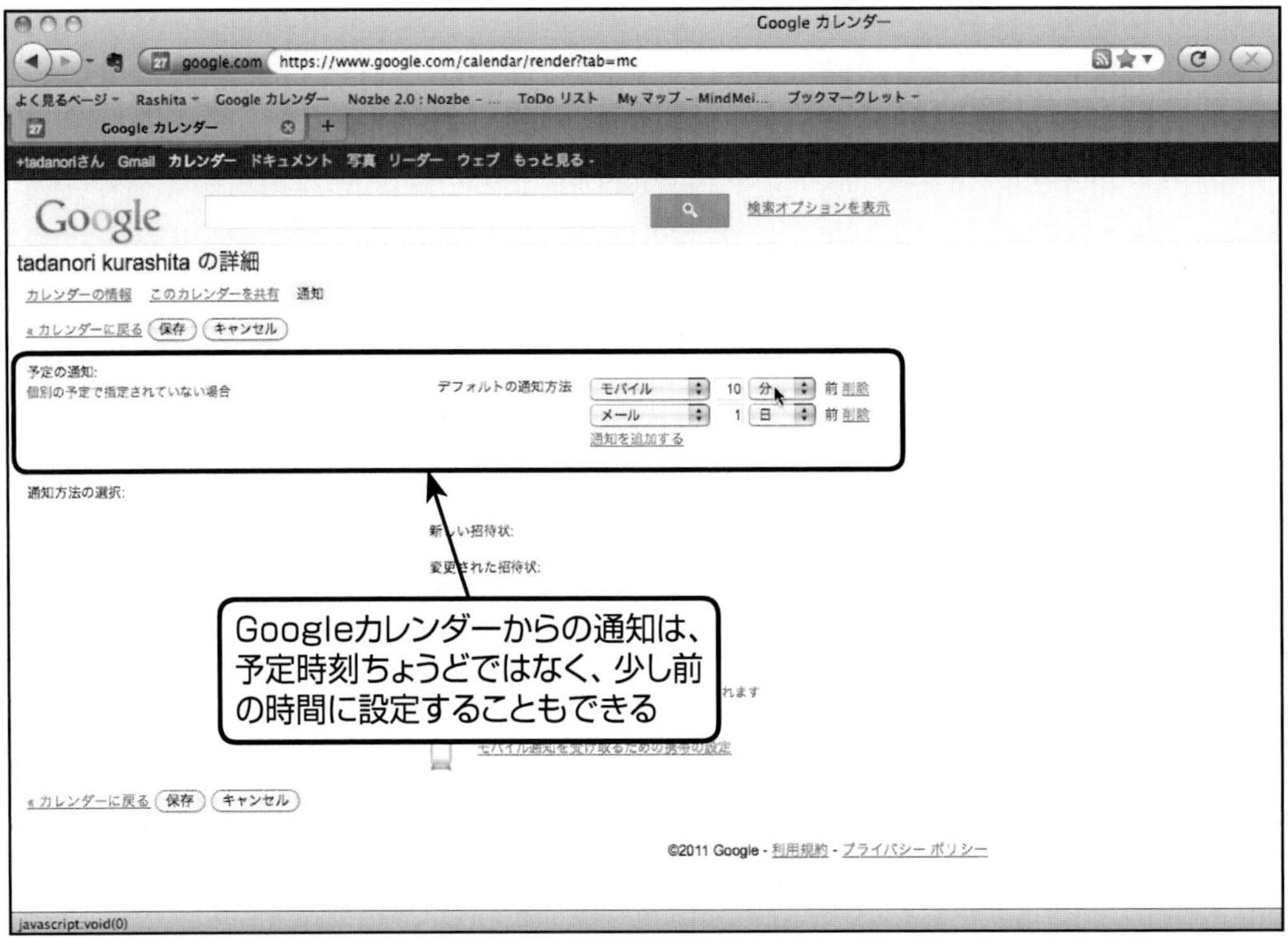

紙の手帳であれば、予定があるかどうかは手帳を開いて確認する必要があります。どれほど大切な予定であっても、手帳を開くことを怠ってしまえば、その予定を確認することはできません。

そのため手帳の場合は、時間が空いたら手帳をチェックしたり、常に手帳を開いておかなければなりません。リマインダー機能があればその必要はなくなります。

手帳に予定を記入しておいて、それを忘れてしまうことほど虚しいことはありません。また、手帳を開いたタイミングが遅すぎて、予定を確認してもすでに手遅れということもありえます。

このリマインダー機能を使えば、管理していたはずの予定を忘れてしまうミスを減らせるようになります。

07

「自分の時間」の使い方を「見える化」する「Weeklyプランナー」

「自分の時間」の使い方の計画を立てて「見える化」する

Googleカレンダーを使えば、予定の管理は大幅に楽になります。クラウドによる複数端末の管理、繰り返しによる省力化や、リマインダーによる通知機能は手帳には存在しない強力な機能です。このクラウドカレンダーを使えば、予定を忘れたり、見逃したりする可能性は大きく減少するでしょう。

しかしこれは、スケジューリングの第一歩でしかありません。時間の活用度を上げていくためには、予定を忘れないようにするだけでは充分ではないのです。

「自分の時間」の使い方の計画を立て、それを「見える化」していく作業が必要です。私の手帳システムの中でその役割を担っているのが「**Weekly**プランナー」です。

「Weeklyプランナー」でプランニング

私は1週間に一度、**Google**カレンダーに書かれた予定を考慮しながら次の週の計画を立てています。使っているツールは「ほぼ日手帳カズン」です。

「ほぼ日手帳」には、文庫本サイズの「オリジナル」とA5サイズの「カズン」の2種類があり、カズンの方には見開きで1週間の予定を記入できる「1週間カレンダー」が付いています。これを1週間の計画用に使用しています。

その週の動かせない予定を書き込みながら、それぞれの日に使える時間がどのぐらいあるのかを見積もっていきます。自分がやるべきことが別の予定でどうしてもできないならば、別の日に振り分けたり、あるいは分量を減らすなどの調整を行いながら、どこかの時間帯にはめ込んでいきます。

◉「ほぼ日手帳カズン」の「1週間カレンダー」

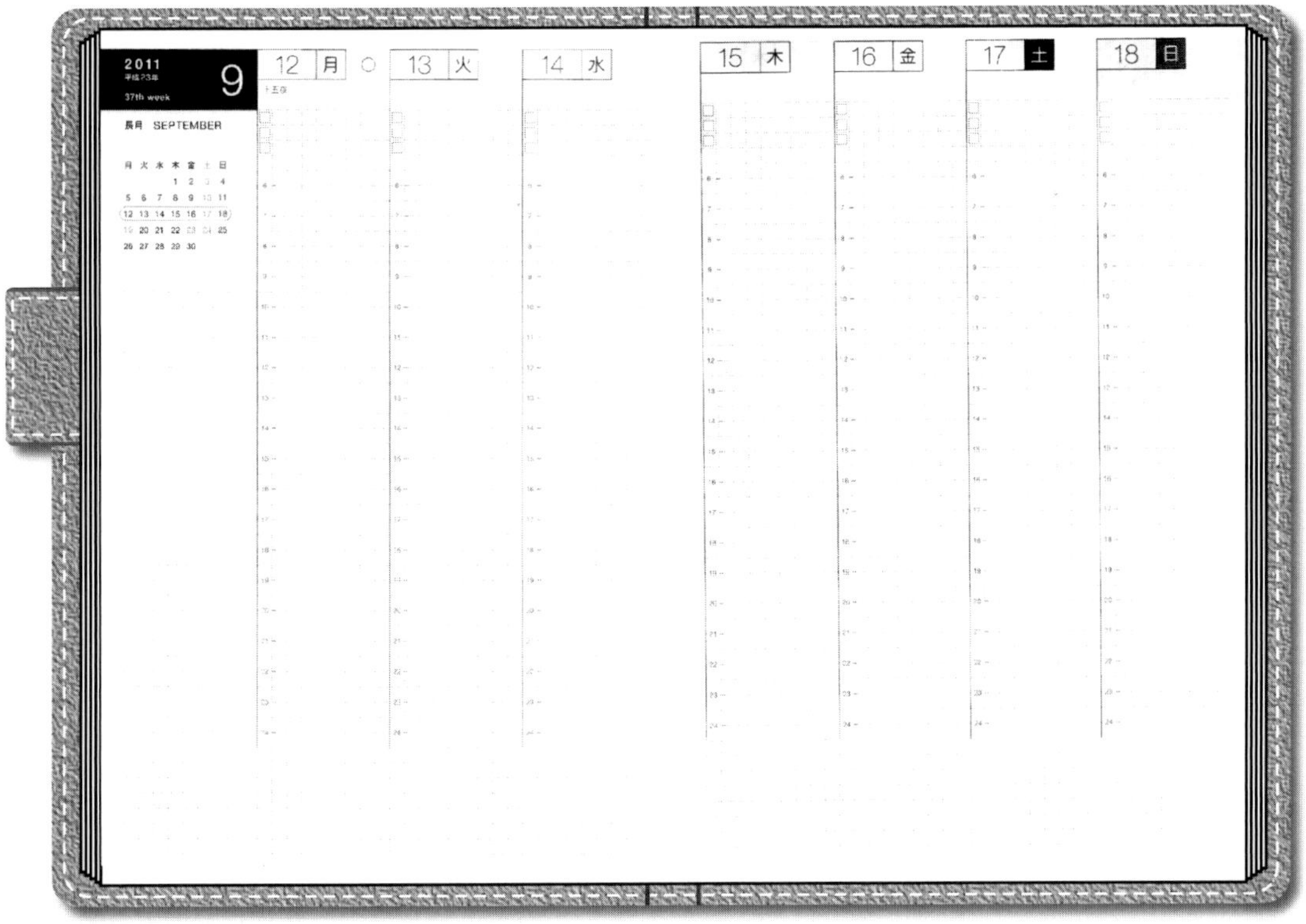

この作業の目的は3つあります。1つは「1週間を俯瞰すること」、2つ目が「現実的な計画を立てること」、最後の1つが「計画を残しておくこと」です。

1週間を俯瞰すること

人が何かを行う際に、「見通し」を持っていることの効果はとても大きいものです。GTDというライフハック手法を解説した『ひとつ上のGTD　ストレスフリーの整理術　実践編　仕事というゲームと人生というビジネスに勝利する方法』(二見書房)で著者デビッド・アレンは次のように書いています。

> 重要なのは、自分の周りで起きていることをコントロールできており、それらを適切な方向に進められているという実感を持つことだ。そうでなければ、今やっていることに対して前向きに考えることができなくなって、単に目の前のことをこなすだけになってしまう。

これは短期的なことだけではなく、長期的な物事に対してもいえることでしょう。軍隊の進行でも、事前に目的地が明らかにされている場合と、そうでない場合とでは疲労度が違うという話があります。

どこに向かって進んでいるのか、あるいはどのぐらい進捗しているのかがわからない状況は、不安感を呼び覚まし、前向きな考えを阻害し、同じことをするのにも余計に疲れてしまう、という事態を招いてしまいます。

1週間をはじめる前に、その週を俯瞰して見通しを立てること。これが「Weeklyプランニング」です。それを実現するツールが「Weeklyプランナー」です。私は、「ほぼ日手帳カズン」を使っていますが、1週間分の時間軸を一目で確認できるツールならば、同じ役割として使えます。

現実的な計画を立てること

Weeklyプランニングの2つ目の目的は、「現実的な計画を立てること」です。やるべきことや時間の使い方を頭の中だけで考えていると、ついつい「理想的な計画」が出来上がります。理想的というのは、つまり非現実的ということです。プロジェクトの分割方式がその好例でしょう。

仕事を進める上で、プロジェクトをいくつもの段階に分け、それを少しずつ進めていくという方法論があります。どこから手を付けていいかわからないような大きな仕事の場合、この方法論はたいへん有効です。しかし、やるべきことの数が増えてくると破綻し始めます。たとえば、Aというプロジェクトを5段階に分けて、それぞれ月曜日から金曜日にやろうと決めたとしましょう。並行しているプロジェクトBとCも同様に考えます。直接的な仕事ではないものの、新しい企画を考えるための情報収集も行い、ついでに英語の勉強も毎日30分する。こういう分割は頭の中ではとてもうまく機能するように思えます。毎日少しずつ進めていけば、1週間後に大きな成果が出せる、ということです。

しかし、それを紙の上に書き込んでいくと、いかに「理想的」な計画だったのかがわかります。もし、ある日に会議と打ち合わせがあったとしたら、作業に使える時間は他の日に比べて短くなってしまいます。結局A、B、Cのいずかのプロジェクトを進めるのを諦めるか、残業して対応することになるでしょう。残業してしまえば、自分自身でやろうと思っていたことに使う時間が削られてしまいます。

これは、使う時間を具体的に考えず、頭の中だけで計画を立ててしまったことによる失敗です。1週間のうち、何曜日に何時間の手持ち時間があるのか、これを可視化しておけないかぎり、現実的な計画は立てられません。

計画を残しておくこと

Weeklyプランニングを行う目的の最後の1つが「計画を残しておくこと」です。

計画はあくまで計画です。その通り進むとはかぎりません。だからといって計画そのものが無意味なわけではありません。むしろ、うまくいかなかったときに「なぜそれがうまくいかなかったのか」を考える上で、計画の存在は重要です。

頭の中だけにある「計画」は、現実がその通り進まなくてもその「誤差」が見えてきません。人間の記憶はとても曖昧です。頭の中の計画通りに進まなくても、計画を立てていたことすら忘れてしまったり、あるいはそういう風に計画していたという都合のよい解釈で記憶を変えてしまうことすら起こりえます。

たとえば、買い物に行くときのことを考えてみましょう。手持ちの在庫をチェックして必要なものを「買い物リスト」に書き込んでいきます。そのリストを持って買い物にいったとしても、予定外の物を購入することは充分にありえます。それでも、もともとの「買い物リスト」があれば、何が予定外のものだったのかを判断することができます。

もし、「買い物リスト」を持たないで買い物に出かけたとしたら、無計画に商品を買い込んだとしても、それが予定外かどうかを確認することはできません。逆にたまたま目についてて買った物を「自分が欲しかったもの」として考えてしまうこともありえます。それぐらい人の記憶というのは曖昧な存在です。

時間の使い方は、技術的なものなので、新しいツールを使ったからといって一気に向上するものではありません。これはお金の使い方でも同じことがいえます。新しい家計簿を使い始めたからといって、それで家計が一気に改善されることはないでしょう。月のはじめに予算を立て、月の終わりに実績とのズレを確認することで、より現実的な予算の立て方や、お金の使い方ができるようになります。

この確認作業を行うためには、「計画」が形として残っている必要があります。アナログツールは、一度書き出したものを移動させられない点がデメリットですが、「計画」を書き残しておくという点においては、それは気になりません。逆に、簡単に編集できない分、しっかりとした「形」で残るというのがメリットになるでしょう。

以上、紹介した3つが「**Weekly**プランナー」を使って1週間の計画を立てる目的になります。**Google**カレンダーで管理される情報は、あくまで忘れてはいけない予定の記録――備忘録――のようなものです。そこから「どのように時間を使うのか」を具体的に考えるツールが「**Weekly**プランナー」です。

では、実際にこの「**Weekly**プランナー」にどのように記入していくのかを紹介してみます。

08

「Weeklyプランナー」の作成

「Weeklyプランナー」の構成

「ほぼ日手帳カズン」の「週間ダイアリー」では、1週間分の時間軸が見開きページ(いわゆるバーチカルタイプ)にまとまっています。私は会社勤めではないので、土曜日や日曜日もその他の平日を同じ幅が確保されているのがありがたいところです。最近では土日の勉強会に参加するビジネスパーソンも多いようですから、こういった土曜日や日曜日の幅というのも手帳を選択するときの考慮に入れた方がよいでしょう。

まず、「週間ダイアリー」を大きく次の5のエリアに分けて使用します(次ページの図参照)。これらの5つのスペースはそれぞれ異なった役割を持ち、機能します。

「Weeklyプランナー」を作成する手順

「Weeklyプランナー」は次の5つのステップで作成します。

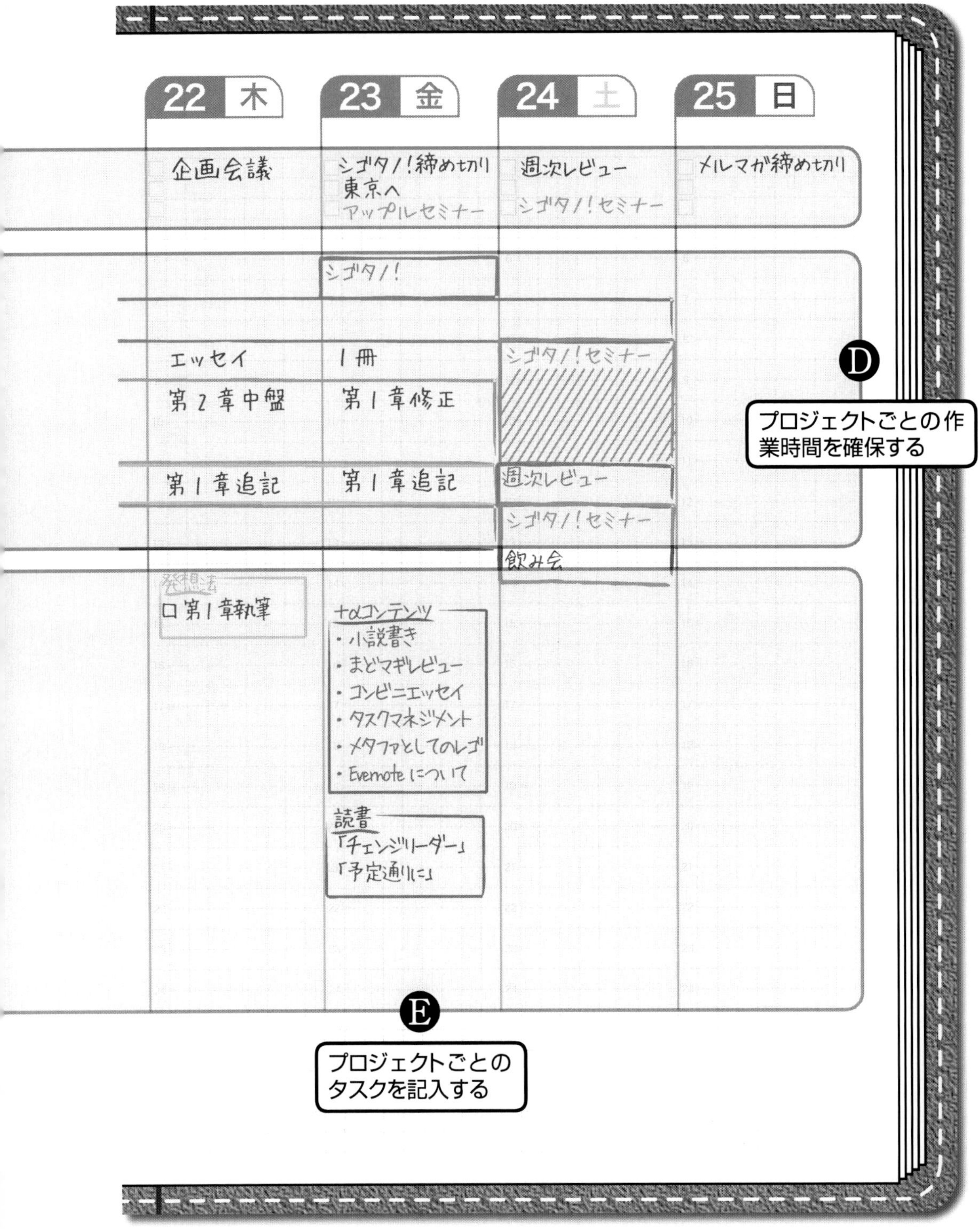
22 木
23 金
24 土
25 日
企画会議
シゴタノ!締め切り
東京へ
アップルセミナー
週次レビュー
シゴタノ!セミナー
メルマガ締め切り
シゴタノ!
エッセイ
第2章中盤
1冊
第1章修正
シゴタノ!セミナー
第1章追記
第1章追記
週次レビュー
シゴタノ!セミナー
飲み会
発想法
□第1章執筆
+αコンテンツ
・小説書き
・まどマギレビュー
・コンビニエッセイ
・タスクマネジメント
・メタファとしてのレゴ
・Evernoteについて
読書
「チェンジリーダー」
「予定通りに」
D
プロジェクトごとの作業時間を確保する
E
プロジェクトごとのタスクを記入する

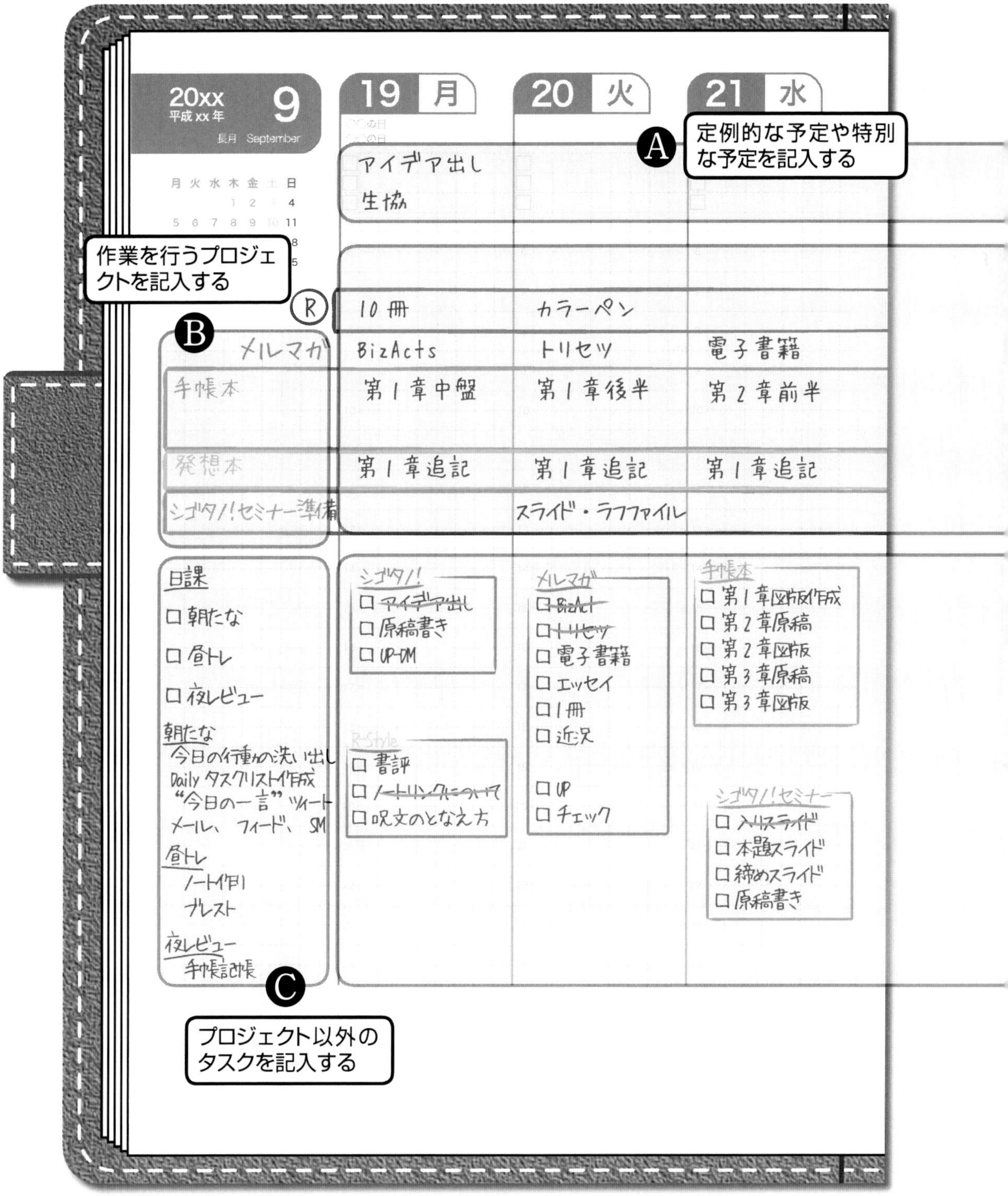
20xx
平成 xx 年
9
長月 September
月 火 水 木 金 土 日
19 月
20 火
21 水
A
定例的な予定や特別な予定を記入する
アイデア出し
生協
作業を行うプロジェクトを記入する
B
R
10 冊
カラーペン
メルマガ
BizActs
トリセツ
電子書籍
手帳本
第1章中盤
第1章後半
第2章前半
発想本
第1章追記
第1章追記
第1章追記
シゴタノ!セミナー準備
スライド・ラフファイル
日課
□ 朝たな
□ 昼トレ
□ 夜レビュー
朝たな
今日の行動の洗い出し
Daily タスクリスト作成
"今日の一言" ツイート
メール、フィード、SM
昼トレ
ノート作り
プレスト
夜レビュー
手帳記帳
シゴタノ!
□ アイデア出し
□ 原稿書き
□ UP-DM
R-Style
□ 書評
□ ノートリンクについて
□ 呪文のとなえ方
メルマガ
□ BizAct
□ トリセツ
□ 電子書籍
□ エッセイ
□ 1冊
□ 近況
□ UP
□ チェック
手帳本
□ 第1章図版作成
□ 第2章原稿
□ 第2章図版
□ 第3章原稿
□ 第3章図版
シゴタノ!セミナー
□ 入りスライド
□ 本題スライド
□ 締めスライド
□ 原稿書き
C
プロジェクト以外のタスクを記入する

ステップ1　予定をリストアップする

定例の会議や週次レビュー、メルマガ締め切りといった毎週決まっているような予定をⒶに記入します。

ステップ2　Googleカレンダーの予定を転記する

Googleカレンダーに登録されている予定をⒹに転記します。

ステップ3　作業を行うプロジェクトをリストアップする

Ⓑに作業を行うプロジェクトを記入します。基本的には優先度の順に記入します。プロジェクトごとにペンの色を変更します。

ステップ4　その他のToDoと目標をリストアップする

ステップ3のプロジェクト以外に、その週に作業を行わなければならない項目と目標などをⒸに記入します。

ステップ5　プロジェクトごとに1週間で進める分の業務を洗い出す

ステップ3でリストアップしたプロジェクトの作業細目をピックアップして❺に記入します。なお、このときにプロジェクト名や囲みの色をステップ3で使用したプロジェクトの色と合わせることにより、同じプロジェクトの作業時間と細目の関係を把握しやすくなります。

ステップ6 プロジェクトごとの作業時間を日々に割り振る

ステップ5で書き出した作業を行うための時間を、❹に振り分けます。当然のことながらステップ2で入力した他の予定が入っている日は、その分の作業時間が少なくなります。

「**Weekly**プランナー」を作成する大まかな手順は以上の通りです。次のセクションから計画策定に関する細かい注意事項を説明してきます。

09 「Weeklyプランナー」を使った週間計画

日次の作業時間の記入は2つの方法のどちらかを選択する

「Weeklyプランナー」で、通常の「週間ダイアリー」の使用方法と大きく異なっているのがⒹの作業時間を記入するスペースです。たとえば、ステップ2ではGoogleカレンダーを見ながら、この時間軸に予定をはめ込んでいきますが、記入の仕方は2通りあります。

1つは、実際の予定時間に合わせて時間軸に書き込んでいく方法です。午後2時から1時間の会議が入っているならば、手帳にもその通り記入するスタイルです。これは動かせない予定が多い人にとって有効な手法です。

もう1つの方法が、実際の時間を無視して、「時間量」だけを書き込む方法です。1日の作業時間を8時間とした場合、「7:00」から「15:00」の目盛りまでを1コマ1時間として使用します。私は会議のような予定が非常に少なく、何時に何をするかは自分の裁量で決めることができるのでこのスタイルを使っています。

◉時間軸を使う方法

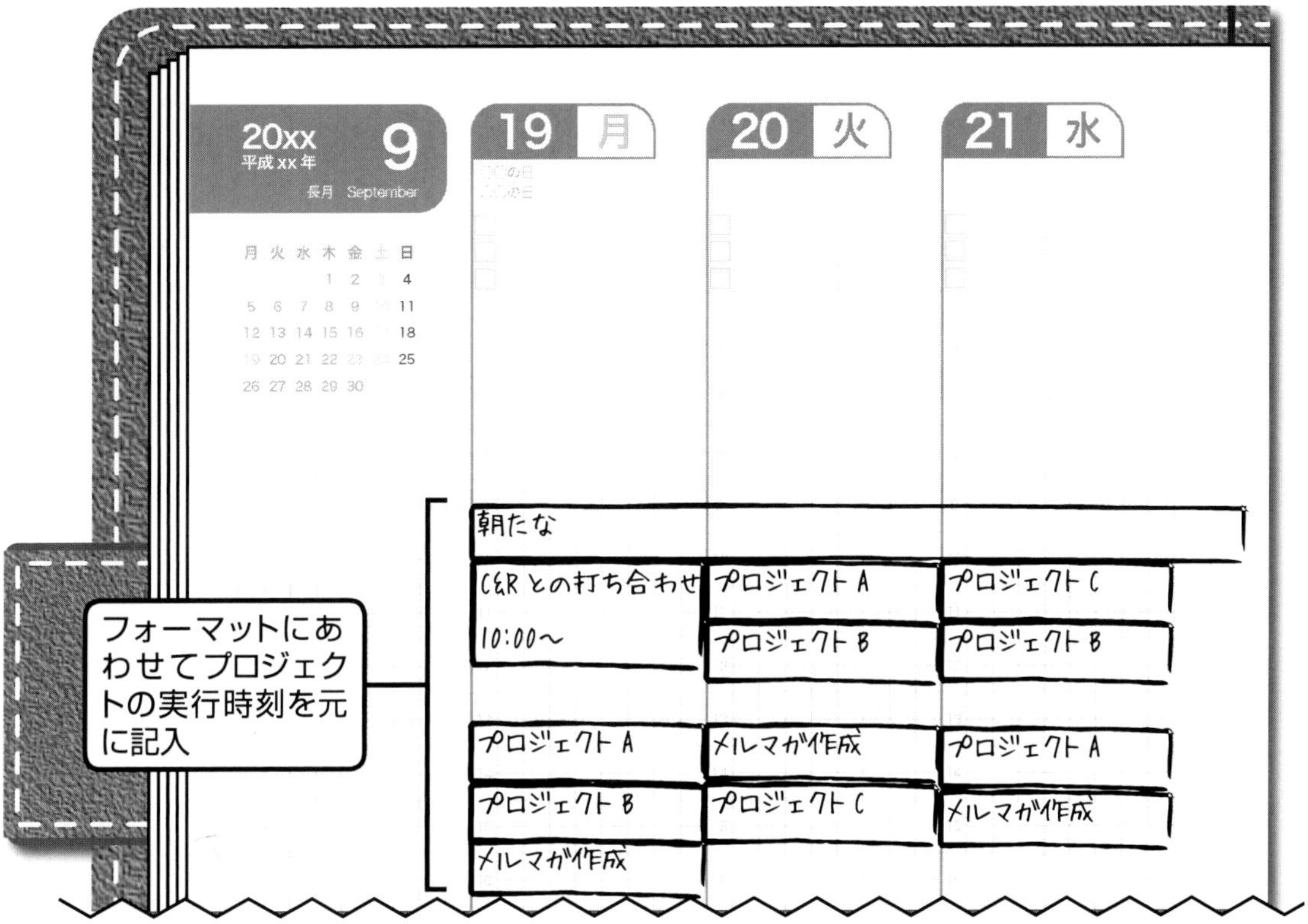

◉時間量のみを書き込む方法

「現実的」な作業時間による計画策定

このスタイルの場合、その1週間に進めるプロジェクトをあらかじめ決めてしまいます。そしてAというプロジェクトには毎日何時間という割り当てを作ります。また、ルーチン的に行う作業にも時間を割り当てます。

これらのプロジェクトに割り当てた時間と動かせない予定時間との合計が1日の作業時間内に収まっていれば、それは「現実的」な計画だといえます。

たとえば、1日の作業時間が8時間だとすれば、その8時間をどのような内訳で使っていくかを決めていくわけです。ある曜日に1時間の打ち合わせが入っているのならば、その日は作業時間を7時間にしてプロジェクトの進行計画を立てていきます。

これを実施すると1週間の予定密度というのがよく見えるようになります。忙しい(作業時間が少ない)日や、比較的余裕のある日というのがわかるわけです。こうしておけば、何の根拠もない「明日頑張ろう」という頭の中の計画を避けることができます。「明日頑張ろう」と考えても、1日の作業時間が10時間や12時間になったりはしません。睡眠時間などを削ればある程度長くなるかもしれませんが、1日が24時間より大きくなることだけはありません。

まず予定を押さえ、自分の時間の使い方を計画しておくことで、「見通し」を得ることができます。また、同じ色でごちゃごちゃと書き付けると何が書いてあるのかわかりにくくなる

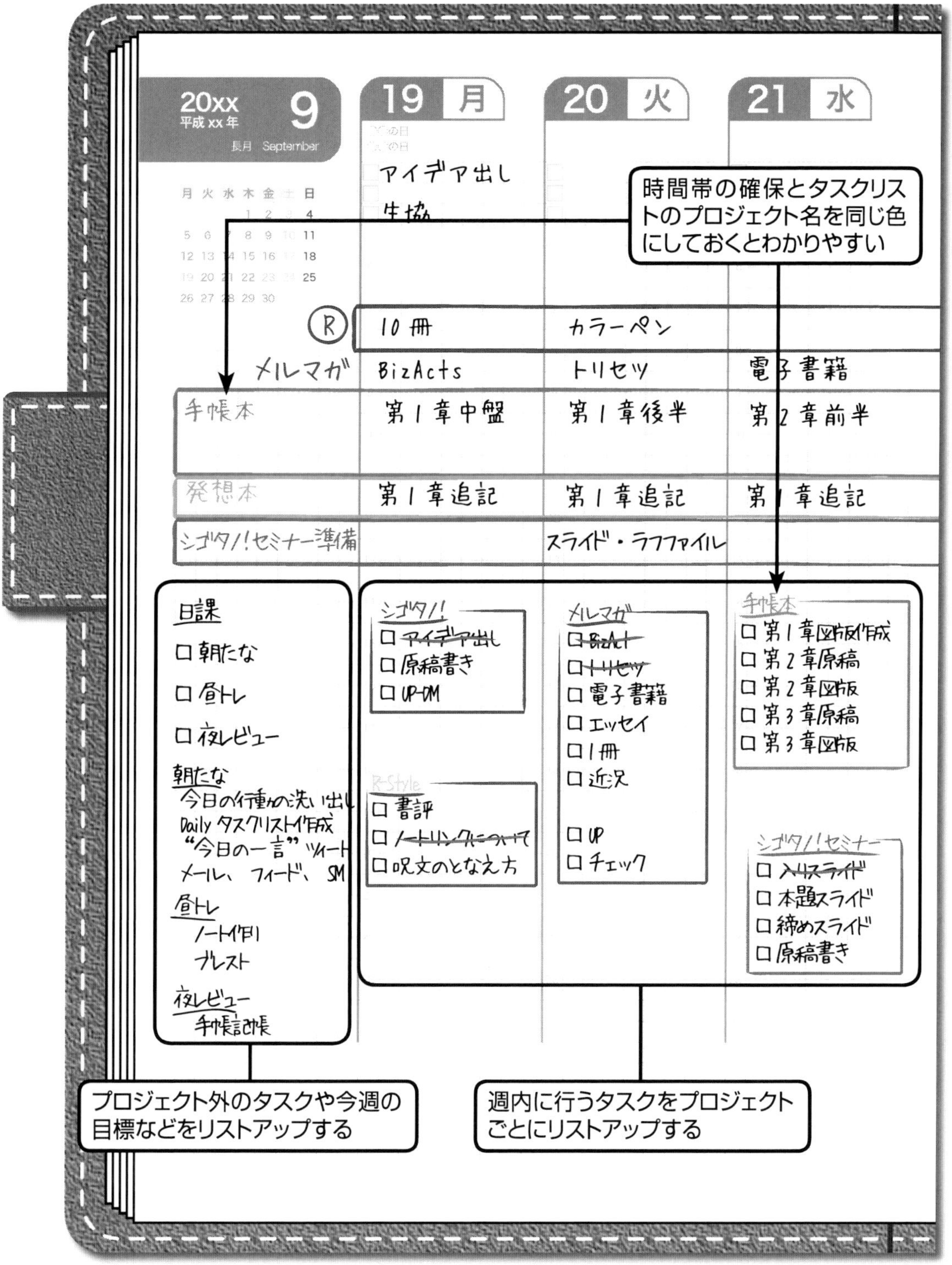

20xx 平成 xx 年 9 長月 September
19 月
20 火
21 水
アイデア出し
生協
時間帯の確保とタスクリストのプロジェクト名を同じ色にしておくとわかりやすい
R 10 冊 カラーペン
メルマガ BizActs トリセツ 電子書籍
手帳本 第1章中盤 第1章後半 第2章前半
発想本 第1章追記 第1章追記 第1章追記
シゴタノ!セミナー準備 スライド・ラフファイル
日課
□ 朝たな
□ 昼トレ
□ 夜レビュー
朝たな
今日の行動の洗い出し
Daily タスクリスト作成
"今日の一言"ツイート
メール、フィード、SM
昼トレ
ノート作り
ブレスト
夜レビュー
手帳記帳
シゴタノ!
□ アイデア出し
□ 原稿書き
□ UP-DM
R-Style
□ 書評
□ ノートリンクについて
□ 呪文のとなえ方
メルマガ
□ BizAct
□ トリセツ
□ 電子書籍
□ エッセイ
□ 1冊
□ 近況
□ UP
□ チェック
手帳本
□ 第1章図版作成
□ 第2章原稿
□ 第2章図版
□ 第3章原稿
□ 第3章図版
シゴタノ!セミナー
□ 入りスライド
□ 本題スライド
□ 締めスライド
□ 原稿書き
プロジェクト外のタスクや今週の目標などをリストアップする
週内に行うタスクをプロジェクトごとにリストアップする

ので、プロジェクトごとにペンの色を分けて記入しています。ちょっとした工夫ですが、1週間を見通して安心感を得るという目的のためには案外役立つ面が多くあります。

プロジェクトごとの計画は時間枠で管理する

1週間分の「時間量」を押さえたら、次にプロジェクトの進行予定も決めておきます。時間枠を決めたので、1週間に進められる作業量もある程度決めることができます。

この作業については、時間軸とは別に管理しています。あらかじめ、月曜日にAの作業を進め、火曜日にBを進めて、と決めておく方がよさそうな気がしますが、実際にその通りに進むとはかぎりません。私も以前は、「月曜日の作業はA」「火曜日の作業はB」といった具合に時間軸と作業内容をマッチさせる手法をとっていたのですが、実際その通りに進むことがほとんどなかったので、その管理スタイルは諦めました。

ルーチン的に処理できる作業ならばよいのですが、頭を使うような作業の場合は、計画に「第2章の執筆を終える」と書いてあっても、実際に終えられるかどうかはまったく不明です。1時間という時間枠は押さえておくことができても、その1時間に何ができるのかまでは管理できないわけです。逆に1時間作業すれば、1時間分は進められる作業(事務処理など)はこの曜日にこれだけ進めるという決め方は機能するでしょう。

「**Weekly**プランニング」は、あくまで「1週間を俯瞰すること」が目的で、事細かく計画することにこだわる必要はありません。

作業項目はリストで管理する

各プロジェクトを1週間でどの程度進めるのかは、リスト形式で管理しています。時間軸に割り当てたプロジェクトの1週間分の作業量を下に書き出していきます。このときにも見やすいように、時間軸上の色とリストの色を対応させてあります。

リストを作る代わりにマインドマップを描く場合もあります。このあたりの使い分けは気分的なものです。アナログ

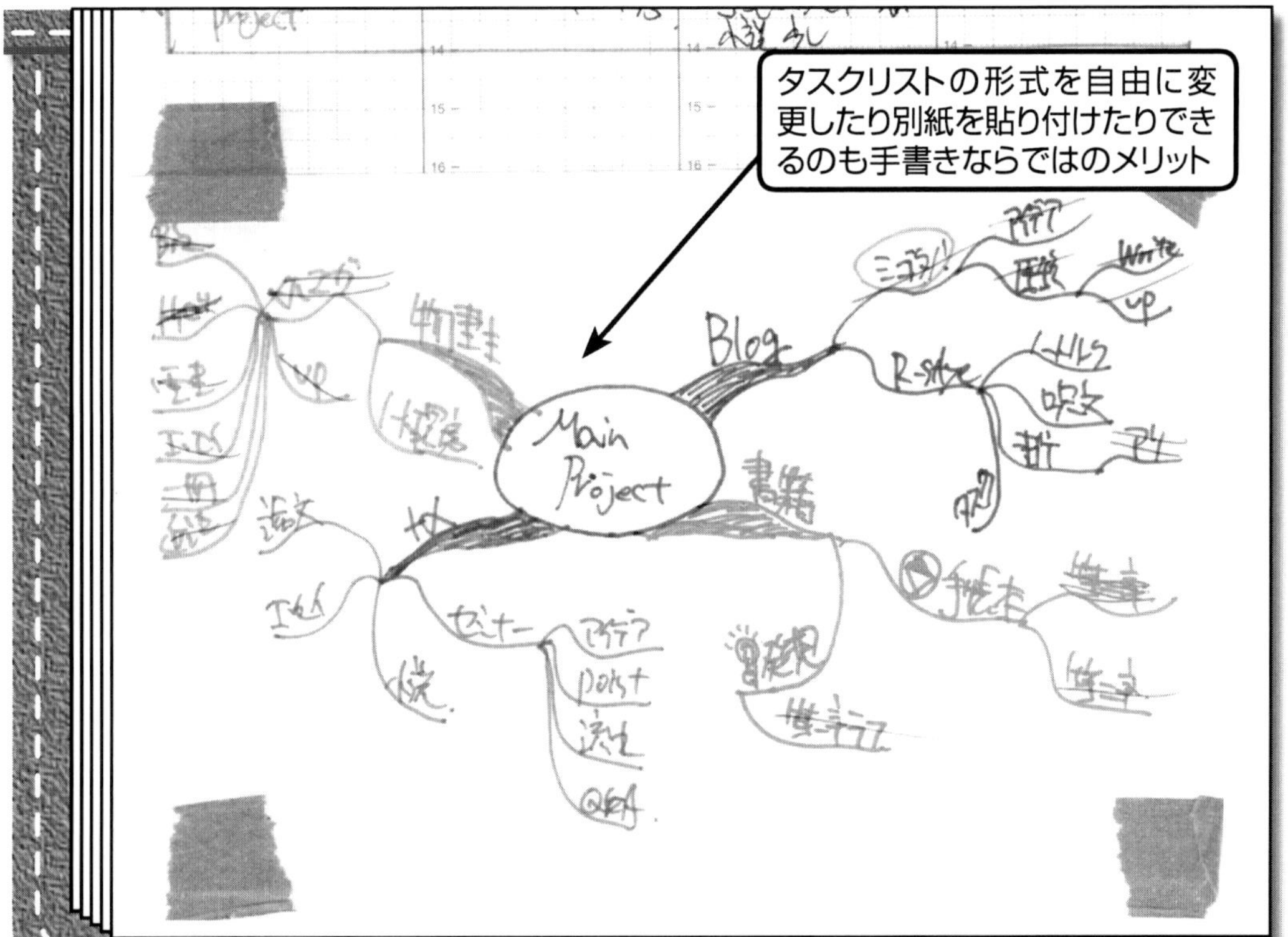
タスクリストの形式を自由に変更したり別紙を貼り付けたりできるのも手書きならではのメリット
Main Project
Blog
R-style

ツールはこうした使い分けができるのも特徴の1つでしょう。

デジタルツールでは、リスト形式で管理していたものを気分が変わったからといってマインドマップに変えるのはかなり難しいものがあります。ツールそのものを変える必要があるかもしれません。

その点、アナログは自由度が非常に高く、リストからマインドマップに変更したり、あるいはその両方を併用して使うこともできます。

さらに文字の色を変えたり、太字で強調したりすることも簡単にできます。また、プロジェクトに関係しない作業や、目標というものも合わせ

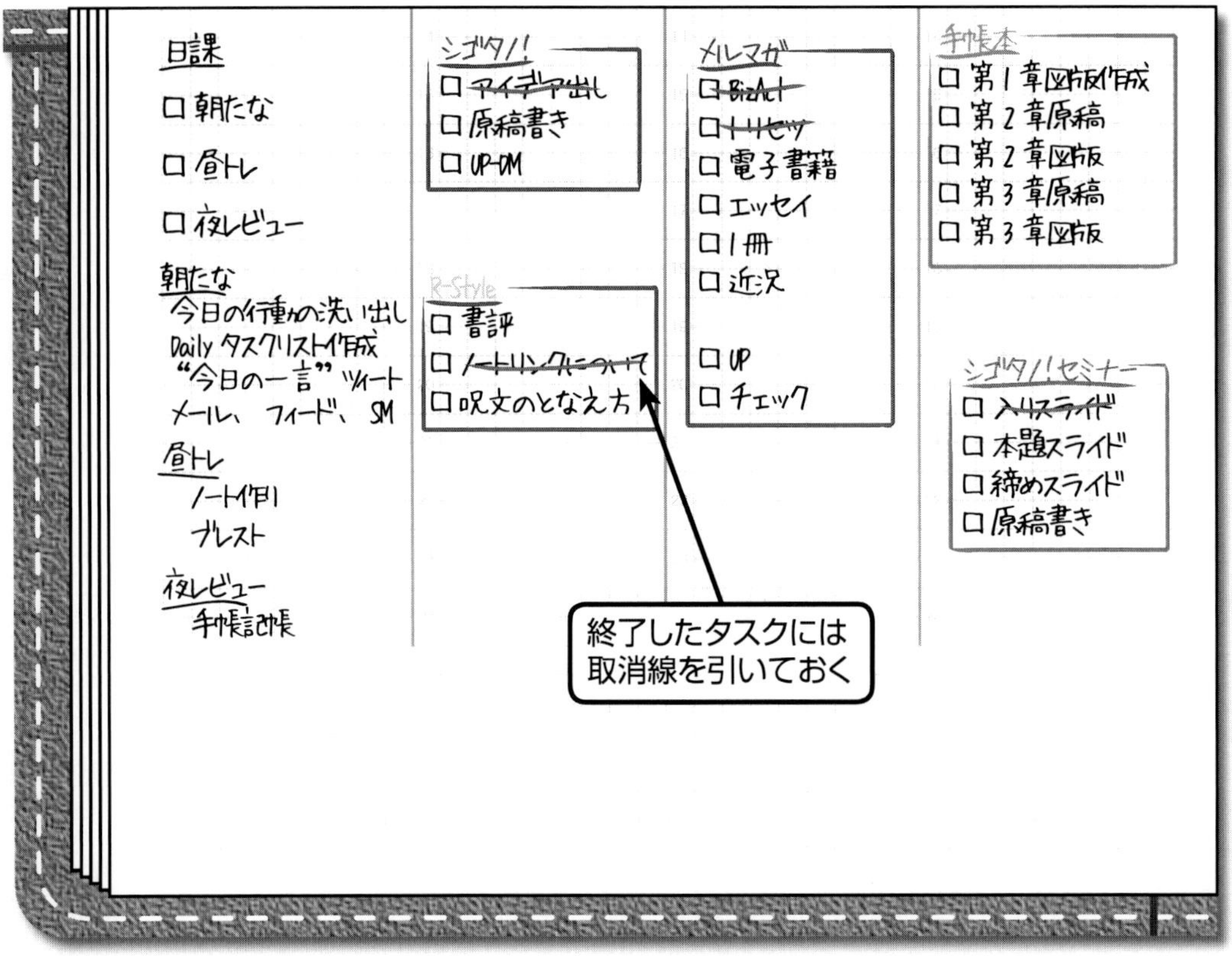

て書くことができます。こうした決まり切った形ではなく、雑多なものを自分の好きなように組み合わせられるというのもアナログツールを使うことの面白さです。

こうして書き出した作業内容はそのまま進捗管理として機能します。1日の終わりに、この「**Weekly**プランナー」を開き、その日進めた作業をチェックしていけば、「どの程度進んだのか」あるいは「どの程度進んでいないのか」が見えてきます。これがはっきり見えていることも「見通し」を得ることにつながります。

10

「Weeklyプランナー」の注意点

記入時の注意点

1週間のプランニング作業を行う際に気を付けたい点を3つ紹介しておきます。これらに注意を払うことにより、計画がより現実的なものとなり、かつ有効なものとなります。

バッファを確保する

1点目は、バッファを確保することです。予定における「バッファ」とは、「予備時間」のことです。これを確保しておけば、予定が多少狂っても全体に大きな影響は及びません。1週間で見れば、プロジェクトの作業進行に余裕を見ることになります。1日で見れば、作業を詰め込みすぎないということになるでしょう。

いつでも「予定外」のことが起こる可能性はあります。その予定外のことも計画に入れておけば、フレキシブルに動けるでしょう。もし予定外のことが何1つ起こらなければ、時間の余裕が生まれます。それは別の事柄に使うことができます。私の場合は「ちょっと時間が空いたとき」にすることのリストを持っています。そのリストがあれば、バッファが使われないときや、あるいはその他の細切れ時間で手持ちぶさたになることはありません。

　これはタイムマネジメントの「細切れ時間でも進められることをリスト化しておくこと」に通じます。

自分とのアポイントメントも管理する

　2つ目は、自分自身との約束も他の予定と同じように管理することです。たとえば、私は1週間に1度、「次の週の予定を立てる」というスケジュールを入れています。やろうと思っていることを実際にやるためには、きちんと自分とアポイントメントを取る必要があります。それも「土曜日にやろうか」と漠然に考えるのではなく、土曜日の午前中に2時間使う、とはっきり決めてしまうことです。

　このように実際に時間を決めてしまえば、予定が知らない間に流されていることがなくなります。

　スティーブン・コヴィーの著書『7つの習慣ー成功には原則があった！』（キングベアー出版）には、時間管理のマトリックスが紹介されています。

　そのマトリックスでは私たちが行う活動が、「緊急度」と「重要度」の2つの軸で分類されています。

第1領域は「緊急であり、重要である」、第2領域は「緊急ではないが、重要である」、第3領域は「緊急で、重要ではない」、第4領域は「緊急でもなく、重要でもない」となっています。

人間の心理は、「緊急」なものを重要視しがちです。ですので、何も意識しなければ、第1領域と第3領域に時間が使われていきます。「緊急ではないが、重要である」という第2領域の活動を行うためには、自分自身との約束にして、明確に時間を規定することで「緊急性」を添付する必要があります。

予定の関係性に注目する

最後は、予定と予定の関係性に注目することです。1日という時間はまったくフラットな存

◉時間管理のマトリクス

	緊急	緊急でない
重要	第1領域 締め切り トラブル	第2領域 向上 メンテナンス
重要でない	第3領域 電話・メール 付き合い事 雑事	第4領域 ひまつぶし

在ではありません。長い移動の後は疲れているでしょうし、昼食の後は頭が働かないかもしれません。また、同じ作業を連続で続けていれば飽きてくるかもしれません。こうった点を考慮して、どの曜日、どの時間帯にどんな作業をやるのかを決めた方が現実的な計画に近づきます。

私の場合は、「原稿書き作業を1日に詰め込まない」という点や、「セミナーで講演する前の時間にはこみ入った作業を入れない」というルールを設けています。

こうしたルールは、自分で計画を立てて、後でそれをチェックしたときに見えてきます。

11

「Weeklyプランナー」を使った週間計画

計画を振り返ることで計画力はアップする

計画は立てることにも意味がありますが、長期的に考えた場合、後でそれをチェックすることの効用も多くあります。計画はあくまで計画でしかありません。自分で立てた計画は命令とは違ったものです。だから、計画通りにいかないことも多々起こりえます。

そのときに、計画通りに実行できない自分を責めても変化はありません。むしろ、自分の「計画を立てる力が低かった」と考えた方がよいでしょう。現実的な(必要最低源であり充分な)計画を立てるのはなかなか難しい作業です。

その力を向上させるためには、立てた計画を後で見返すことが重要です。私は、次の週の予定を立てる前にかならず前の週の計画がどうだったのかをチェックしています。未だかつて100%計画通り実行できたことはありませんが、それでもどの辺が現実的なラインなのかは少しずつわかるようになってきています。

計画を立てる際に、先週から数週間前までの計画をすぐに振り返るためには、綴じたタイ

CHAPTER-2 「Weeklyプランナー」&Googleカレンダーによるスケジュール管理

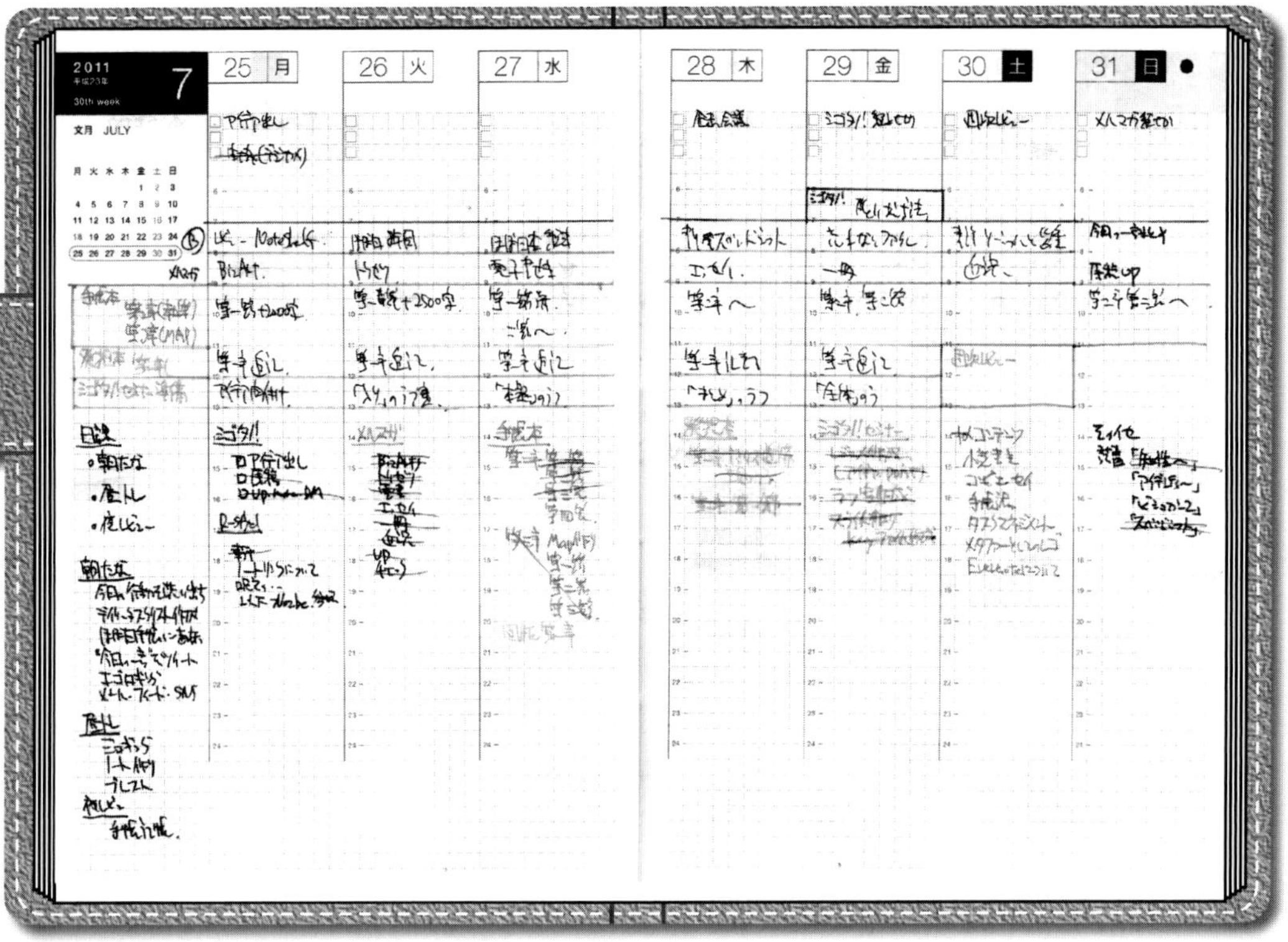

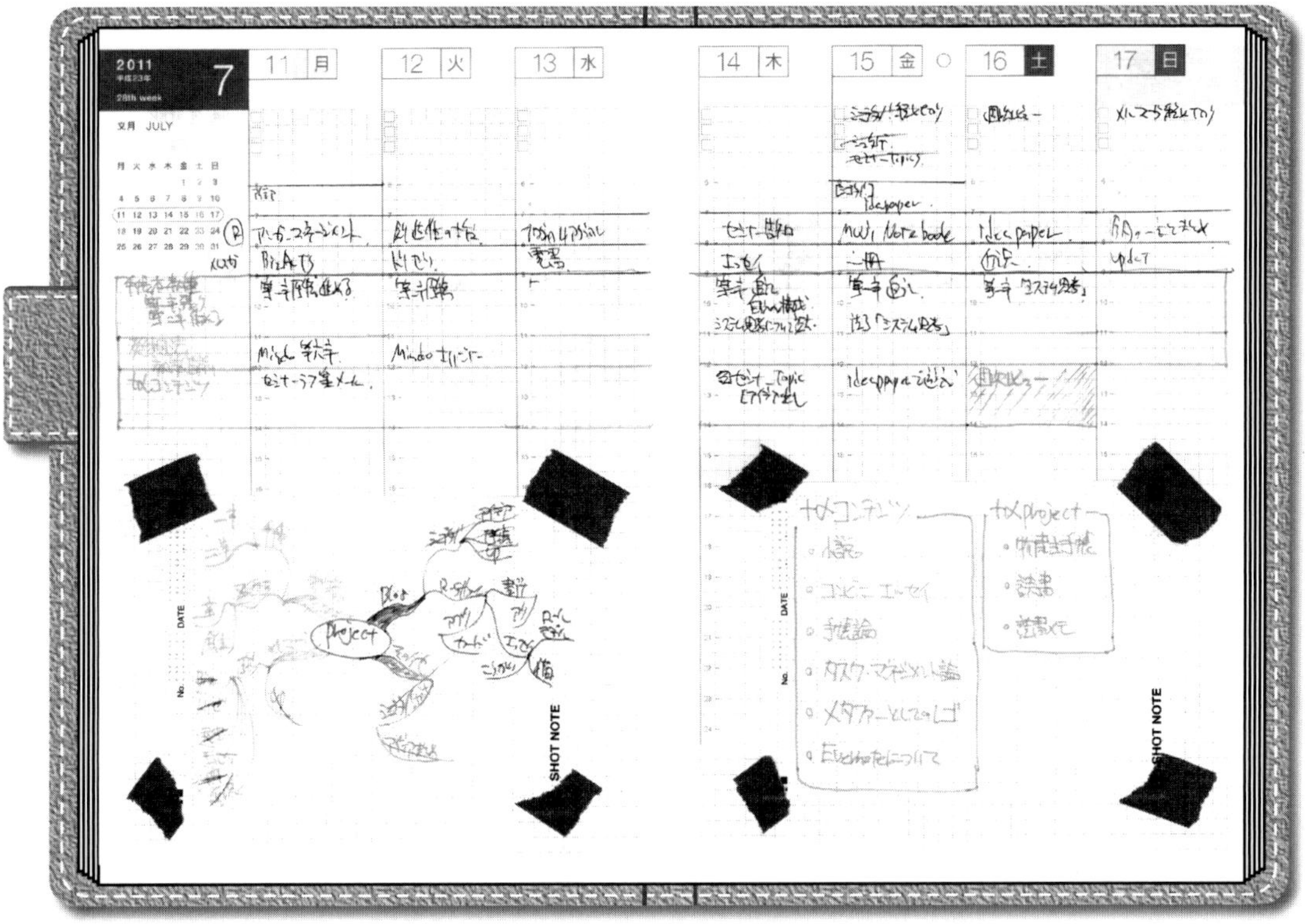

プの手帳が便利です。ぱらぱらとページをめくれば、すぐに以前の計画を見ることができます。こういう作業は面倒に感じてしまうとなかなかやらないものです。簡単に・すぐに実行できるのがポイントです。

また、こうした振り返りとして数年前の計画を参照することはほとんどありません。3年前の時間の使い方や仕事のやり方は、今の時間の使い方と大きく変わっているでしょうから、「来週の計画」を立てる場合には、あまり役に立ちません。ですので、大量のデータを扱えるデジタルのメリットはそれほど活かされません。むしろ自分で見返しやすいスタイルで自由に記入できるアナログの方が相性がよいといえるでしょう。

タイムマネジメントの最初の一歩

単に予定をカレンダーに記入するだけではなく、1週間の時間の使い方を俯瞰してみることがスタートです。最初はかなり大雑把になるかもしれません。逆に細かく決めすぎるかもしれません。何にせよいきなり最初からうまくいくことはないでしょう。それでも問題はありません。

最終的に、自分の時間の使い方を改善していくことがタイムマネジメントでは必要になってきます。それは何に・どのように時間を使うのかを変えていくことです。時間の使い方は習慣的な力が大きく働くので、それを一気に変化させることはできません。計画や実績からフィードバックを得て、少しずつ変えていくのが実は一番の近道かもしれません。

まずは「1週間の計画を立てること」から始まる

まずは、「1週間の計画を立てること」を自分自身のアポイントメントとしてスケジュールに組み込むことです。その次の週は1週間の振り返りも合わせて予定に入れることになるでしょう。

こうした作業は、時間管理のマトリックスでの第2領域の活動になります。ですので、「よし、今度やろう」と思っているだけでは、まず実行されません。1週間の終わりに、30分から1時間程度の時間をスケジュール上で確保してしまうことです。

タイムマネジメントの最初の一歩は、タイムマネジメントのための時間をまとめることです。この一歩を踏み出せば、時間の使い方が少しずつ向上していくでしょう。逆に、そういった時間をまとめられないならば、いつまでたっても仕事や時間に追い立て回される環境から抜け出ることはできないかもしれません。

時間の使い方を変えるためにはツールを変えるだけでは充分ではありません。時間の使い方を変えるための、少しばかりの時間を確保することが必要です。

Column

「yPad」というツール

CHAPTER-2では「Weeklyプランナー」としての「ほぼ日手帳」の使い方を紹介しました。1週間の作業時間やその量をある程度見積もっておくと、現実的な姿が見えるようになってきます。これをちょっと体験してみる場合は、「yPad」というスケジュール帳を使ってみるとよいかもしれません。

「yPad」は寄藤文平氏が手がけられたスケジュール帳で、見た目はノートのような印象があります。名前からわかる通り初代iPadと同じサイズです。

ページを開くと、2週間が俯瞰できる形になっています。左のページがスケジュールシート、右のページがプロジェクトテーブルです。左で時間見積もりを行い、右で作業見積もりを行います。書き上げると、これらの2週間が「一覧」できるようになります。

紙ツールなので管理できるプロジェクトの数は21個と有限です。デジタルツールであれば、これをいくらでも増やすことができますが、それはあまりメリットとはいえないでしょう。実際、2週間で進められるプロジェクトの数は有限です。デジタルツールで、あれもこれもと保存する数だけ増やしていくと、実際にどのくらいできるのかが見えにくくなってしまいます。これについての弊害はCHAPTER-2でも紹介しました。

こうしたプロジェクトマネジメントの考え方はIT業界では一般的ですが、個人で仕事を進める場合でも充分に有用です。今までこういう管理の仕方をやったことがないという方は一度試してみると、いろいろ発見があるかもしれません。

◉「yPad」の紙面

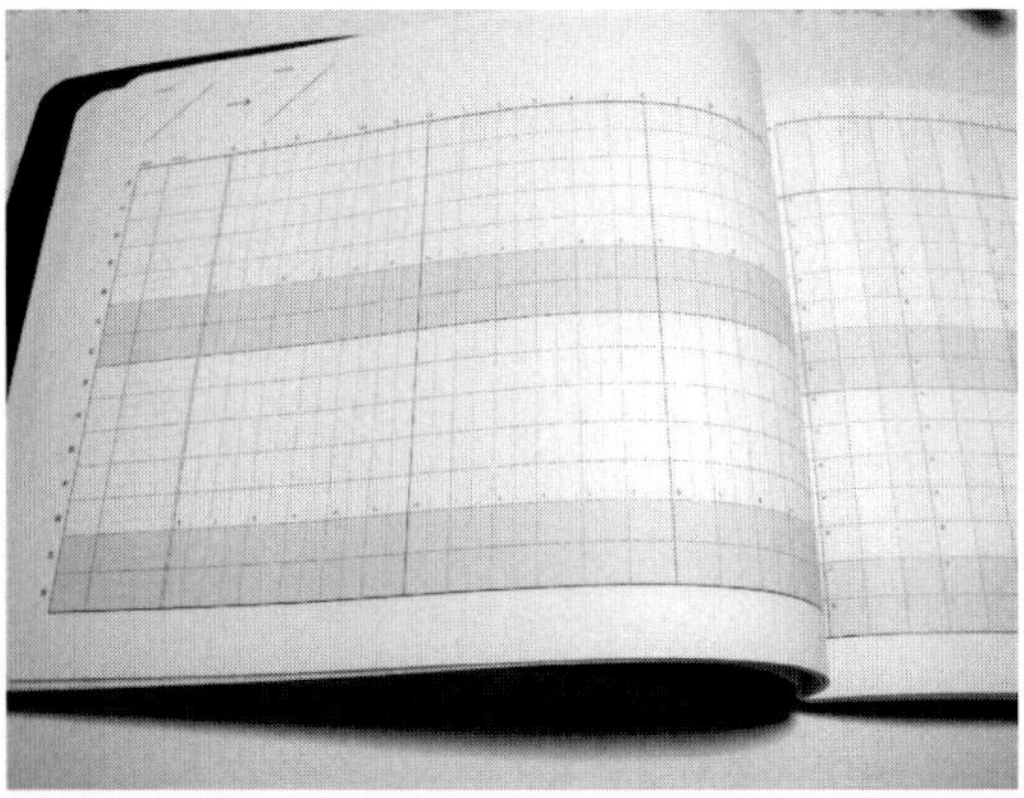

CHAPTER-3

「Dailyタスクリスト」による タスクマネジメント

12 「タスクマネジメント」の全体像

「タスク管理」と「タスクマネジメント」の違い

スケジュール管理の次は「タスク管理」です。

「タスク管理」という言葉にみなさんはどのようなイメージを持っているでしょうか。私は倉庫をイメージします。大きな倉庫の中に、たくさんの商品が並べられている状況です。そこに行けばいま必要なものだけではなくて、将来必要になりそうなものもきちんと保管されている。これは大きな安心感を得ることができます。しかし、それだけではどこにも進めません。もしこれらの商品が小売店で販売されるものであれば、実際に店舗まで運搬されて初めて意味を持ってきます。

倉庫を冷蔵庫に置き換えてみましょう。いろいろな食材を買い込んで冷蔵庫に保管しておきます。たくさんの食材が詰まった冷蔵庫を覗けば、ニコニコ心が浮き立つかもしれません。しかし、それだけでは意味がありません。食材を取り出し、まな板の上で調理して初めて意味を持ちます。いくら綺麗に冷蔵庫を管理していても、料理をするために材料を取り出さな

タスクマネジメントの概念

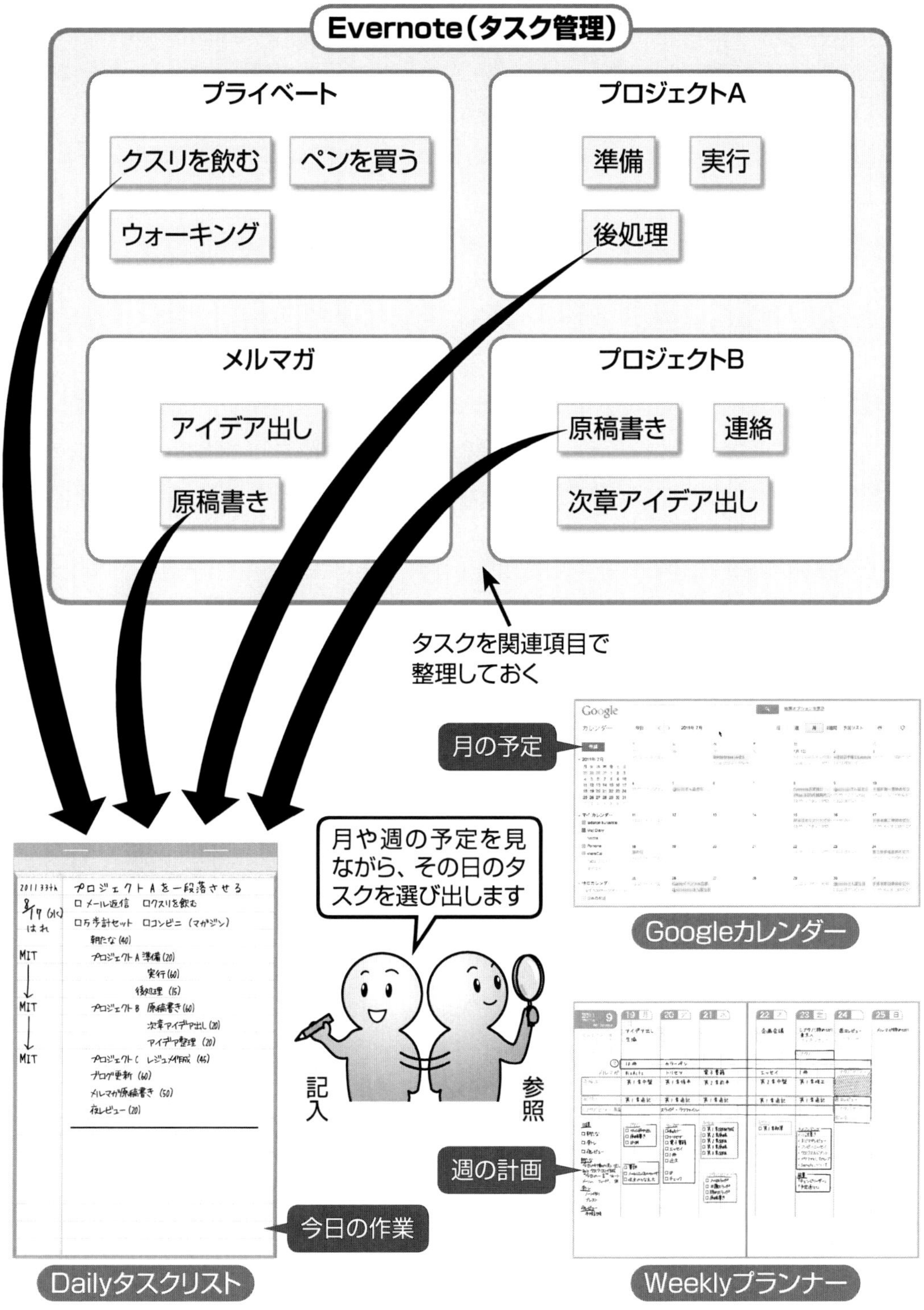

いと自己満足でしかありません。

本書では、このようなタスクをどのように集めたり、保存するのかという方法論である「タスク管理」とは別に「タスクマネジメント」という言葉を別の意味で使うことにします。「タスクマネジメント」はストックされたタスクをいかに処理していくのか、という点について踏み込んで考えます。

ドラッカーはマネジメントの定義を次のように書いています（『プロフェッショナルの条件──いかに成果をあげ、成長するか』ダイヤモンド社）

マネジメントの定義は1つしかありえない。それは、人をして何かをうみださせることである。

「タスク管理」と「タスクマネジメント」の差があるとすれば、それはこの点にあるでしょう。実際に事態が前に進むかどうか、それが肝心です。一般的なタスク管理は、「いかにタスクを保存するか」という話にフォーカスが当てられていることが多くあります。それは企業がいかに人材を集めるか、というのと同じレベルの話です。高給取りの人をたくさん集めたからといって、それで企業の収益が上がり、成長するわけではありません。それらの人々にどのように動いてもらうのかという仕組みを考える必要があります。

タスクマネジメントでも、単にタスクを保存・管理しているだけでは効果がありません。いかに実行しやすいようにそれらを扱うか、という点を考慮しなければならないわけです。いくら機能的に「タスク管理」を行っても、タスクが処理されなければ意味がありません。

「タスクマネジメント」では、どうすればそれが処理しやすくなるか、あるいは着手するための「やる気」が出てくるのかについての仕組み作りが必要です。**CHAPTER-3**ではそのためのツールとして「**Daily**タスクリスト」を使用します。

「ToDoリスト」ではやる気は起きない

一般的な手帳にもタスク機能は付いています。ページの端にいくつかのチェックボックスが付いていたりするのがそれです。これらは「**ToDo**リスト」や「タスクリスト」などと呼ばれています。

これらの「**ToDo**リスト」は、タスクマネジメントとしてどれぐらい効果を発揮しているでしょうか。私自身いくつもの**ToDo**リストを使ってきた経験からいうと、その効果に対してはかなり懐疑的です。使い始めた当初はうまくいきそうな気がするのですが、徐々にうまくいかなくなり、やがて使うのを止めてしまいます。

普通の手帳に付いている「**ToDo**リスト」は記入できる行数が少なすぎます。本当に重要な要件の備忘録には使えますが、1日の作業をコントロールするほどの余裕はありません。全部を書ききれないとなると、「今日やることってこれだけでよかったのかな」と不安感が湧いてきます。これは見通しが付いていない状況といえるでしょう。

その状況を改善するために、**ToDo**だけを集めるノートを使えばどうなるでしょうか。自分のやるべきことをすべてそこに書き出していくわけです。こうすると、「自分のやるべきことはすべてここにある」という安心感を得られます。

しかし、これで問題が解決するわけではありません。問題は、このタイプの**ToDo**リストに記入されている「やるべきこと」があまりにも量が多く、しかも刻々と増えていくことです。やるべきことを適切に処理して、数を一定数に保てている間はよいのですが、放置して数が増えすぎると見るのも嫌になってきます。

これはタスクマネジメントという面からみれば失敗といえるでしょう。**ToDo**リストやタスクリストはそれを使うことで、作業が前に進まなければ意味はありません。

逆に考えれば、効果的なリストとは、それを見たときに「やる気」が湧いてきたり、実行する気持ちになりやすいものでなければいけないわけです。

2つのタイプのリストを使い分ける

タスクマネジメントにおいては、2つの注意すべきキーワードがあります。

- (状況の)コントロール
- (将来への)見通し

この2つは前述の『ひとつ上のGTD　ストレスフリーの整理術　実践編　仕事というゲームと人生というビジネスに勝利する方法』(二見書房)にあげられているキーワードです。著者のデビッド・アレンは、この2つを料理を行う場面を例にあげて解説しています。

状況がコントロールできていない状態とは、キッチンがごちゃごちゃしている状況です。食材や食器・調理器具などを自分が使いやすい場所に置いて、状況をコントロールしないと料理を効率よく作ることは難しいでしょう。

将来への見通しとは、食材は何を使うか・盛りつけ・使用するお皿・調理の手順、という要素です。これがはっきりしているほど、てきぱきと調理を進めることができるはずです。

このコントロールと見通しを1日のタスクマネジメントのレベルで実現するためのツールが「**Daily**タスクリスト」です。朝一番にこの「**Daily**タスクリスト」を書き出しておけば、その日は「今日は何をすべきか」といちいち悩む必要がなくなります。

多くの人は、「今日は何をすべきか」と悩む行為を過小評価しています。「悩む」行為は、確実に脳のエネルギーを消費します。その分、他の作業に使う「やる気」の源が失われていると いうことです。新しいアイデアや企画について悩むならばともかく、1つの作業を終えるたびに「今日は何をすべきか」を考えるのはエネルギー効率的にもよいとはいえません。

調理のたとえに戻ってみましょう。タマネギをみじん切りにしてから、冷蔵庫を開けて「さて、次は何を切ろうか」と考える人はあまりいないはずです。最初に料理に必要な食材をセレクトし、まとめておいてから調理を始めるのが一般的です。もちろん、途中で必要な調味料に気が付いて冷蔵庫を開けることがあるにせよ、最初のうちに大まかな準備をしておくのは、効率よく調理を進める上では必要です。

これを1日のタスクマネジメントでも行うわけです。朝一番に、その日やることをリストに書き出していき、日中はそのリストを参照しながら仕事を進めていきます。このリストにはいまのところアナログツールを使っています。

このためには、1日1ページで、その日やることを書き出せるものがベストです。一瞥すれば、その日やることがはっきりと俯瞰できるツールです。**CHAPTER-2**の「**Weekly**プランナー」で1週間を俯瞰したように、1日を俯瞰できるツールがあれば、その日の「見通し」を得ることができます。

「ほぼ日手帳カズン」は、まさにそのような手帳になっています。1日1ページのデイリーページがあり、そのサイズはA5とノート並みのサイズがあります。これぐらいのサイズであれば、その日やることを充分に書き出すことができます。

しかしながら、私は「ほぼ日手帳カズン」をライフログとして日常の記録を残すために使っているので、残念ながらこの用途には使えません。そこで、ここでも「手帳システム」の考え方を用います。「**Daily**タスクリスト」に向いた別のツールにその役割を任せるわけです。

アナログとデジタルによるタスクマネジメントの実現

「**Daily**タスクリスト」があれば、1日の作業は問題なくこなせますが、これだけでは充分ではありません。キッチンでいうところの冷蔵庫の存在が必要です。これには**Evernote**というクラウドツールを使っています。

「**Daily**タスクリスト」と**Evernote**。この2つのツールが私の手帳システムにおけるタスクマネジメントを担当しています。

まずは1日のタスクマネジメントを行う「**Daily**タスクリスト」から紹介してみましょう。

13 その日の分のタスクを書き出す「Dailyタスクリスト」

その日することを朝一番に書き出す

まずは、「**Daily**タスクリスト」の作り方から紹介しましょう。特別な用紙である必要はありません。サイズ的にはＢ６〜Ａ５ぐらいがよいでしょう。このぐらいのサイズであれば、書き込める量は充分にあり、また机の上に置いていてもそれほど邪魔にはなりません。

いろいろなツールを試しましたが、いまのところＢ６サイズの「リーガルパッド」を私はよく使っています。値段も安く、横の罫線だけではなく、縦にも線が引いてあるので細かい使い分けができます。もちろん、普通の大学ノートやメモパッドでも問題はありません。

朝一番に、**Google**カレンダーや「**Weekly**プランナー」を参照しながら、その日に行う作業を記入していきます。つまり、**Google**カレンダーで管理した予定を、「**Weekly**プランナー」で現実的な計画に落とし込み、さらに「**Daily**タスクリスト」として具体化するわけです。

このリストは形としては計画ですが、タスクが実行可能かどうかの、ある種のシミュレーションと考えることができます。

プロ棋士は「今日はこういう作戦でいこう」「相手がこうきたら、こう対応しよう」という戦略を立ててから、実際の試合に臨むそうです。そういったシミュレーションができていれば、さまざまな状態に対応できます。

また、将棋や囲碁のように頭を行使するものだけではなく、スポーツの分野でもシミュレーションやイメージトレーニングが重要だといわれています。あらかじめイメージしておけば、身体がその通りに動かしやすいというわけです。

これらと同様に、「**Daily**タスクリスト」の作成は自分一人で行う戦略会議のようなものです。「今日はこれとこれを進めていく」とあらかじめ決めておくことで、よりスムーズに1日を進めることができます。

●B6サイズのメモパッドを使用

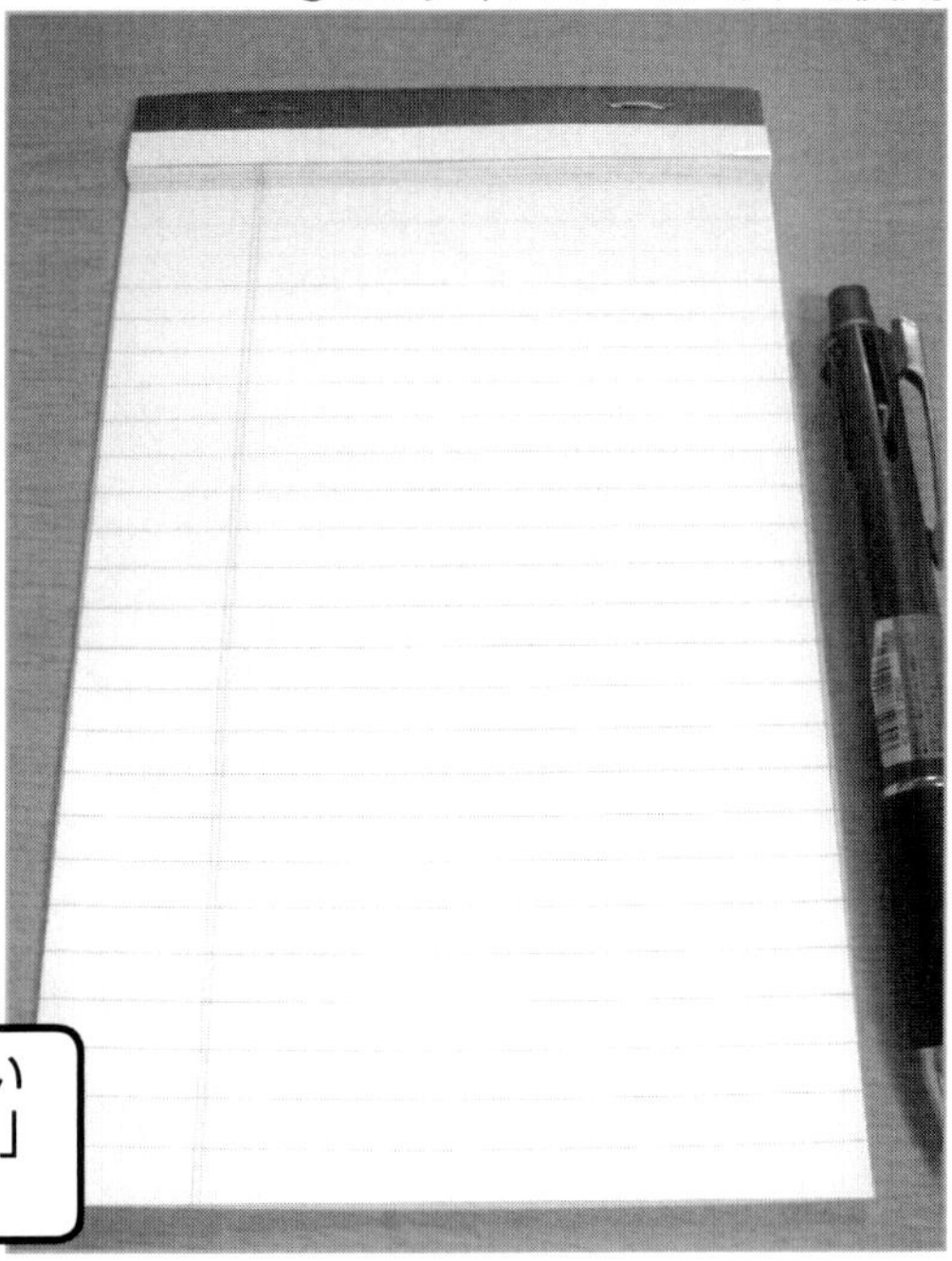

「Dailyタスクリスト」に使用しているB6サイズの「リーガルパッド」は安価で使いやすい

すべて書き出し終えたら、一番下のタスクの下に横線を入れておきます。これで第一段階は完成です。

どこまで細分化するか

こうした作業（タスク）の記入に関して、どのくらいの粒度で書けばよいのかという問題があります。言い換えれば、どれだけ細分化すればよいのかということです。

たとえば、「企画書を作る」という作業は、次のような細かい作業に分割できます。

- アイデアを紙に書き出す
- 書き出したアイデアを別の紙にま

全体的な予定から具体的なタスクリストへの落とし込み

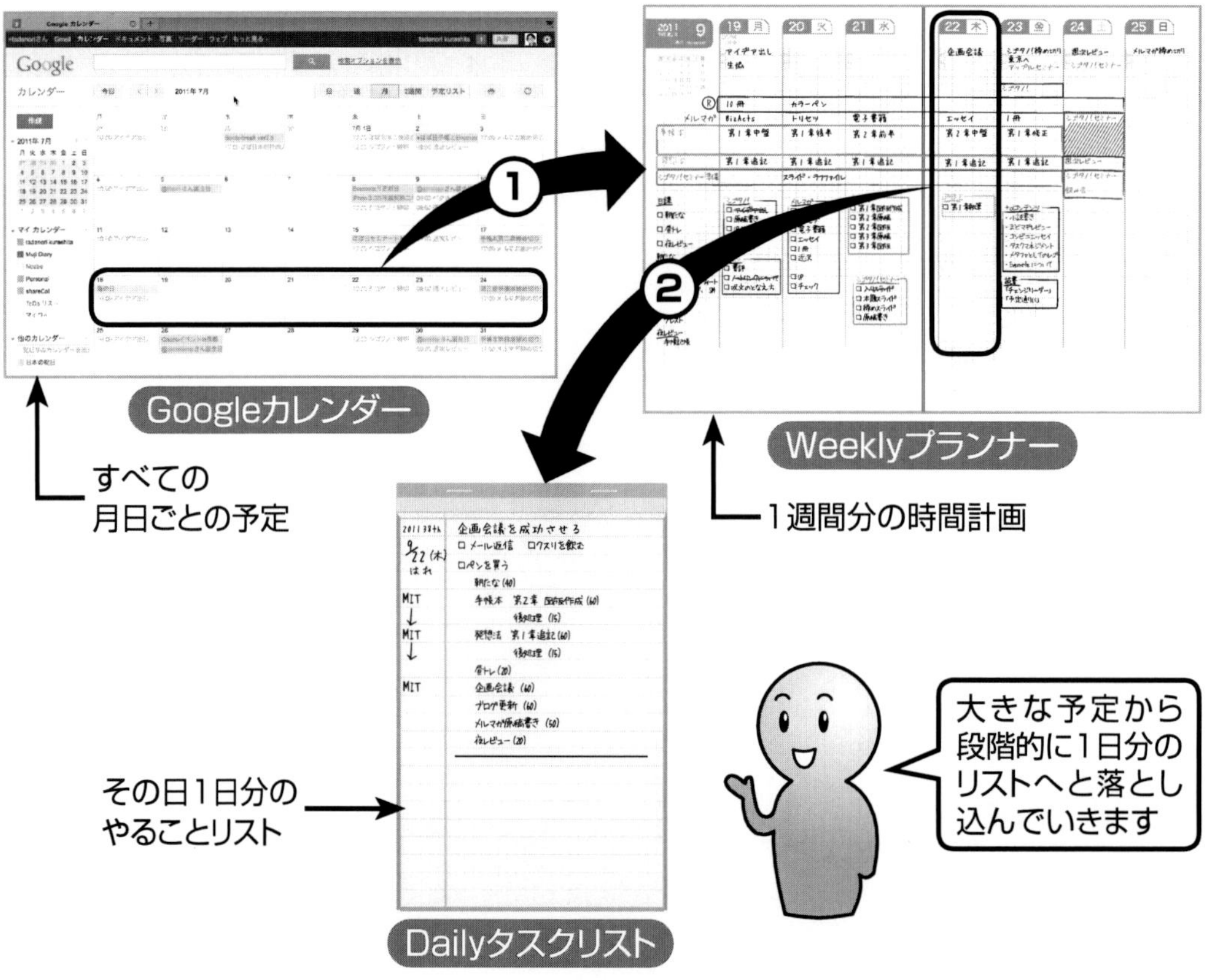

とめる

●パソコンでそれを文章の形に起こす

この3つの作業も、もっと細かく分解することができます。できるだけ細かいレベルまで分解していけば、1つ1つの作業が小さくなって、取り掛かりやすくなるというメリットは確かにあります。これもタスクを消化して、物事を前に進めるというタスクマネジメントの視点からは有効な手法でしょう。

私は、単純にそれをみれば「何をするのかがわかる」レベルまで細分化すればよいと考えています。タスクマネジメントの視点からも、それが最低限のレベルになるでしょう。

しかしながら、「何をするのかがわかる」レベルというのは画一的に定義できません。先ほどの例ならば、企画書を何度も作ったことがある人は、必要な作業はすぐに思い浮かぶでしょう。しかし、やり慣れていない人はそうはいきません。

車の運転でも、教習所に通っている人は、ドアの開け方からカギの開け方、ブレーキの解除まで、1つ1つチェックリスト方式で確認する必要がありますが、何年も運転した経験を持つドライバーは「車を運転する」というだけで、それに必要なことがわかります。

このように「何をするのかがわかる」レベルはすべての人で同じではありません。同じ人でも慣れてくれば省略できることも出てくるでしょう。慣れている作業は「企画書を作る」というレベルをピックアップしておけば問題ないでしょう。どちらにせよ、1枚の紙に書けるタスクの量はそれほど多くはないため、必然的に細かすぎることにはなりません。ただ、慣れていない作業や着手しにくい作業であれば細分化して取っつきやすくする工夫は使えます。

タスク以外に記入すること

この「Dailyタスクリスト」にはタスク以外のことも記入しています。

まず日付は絶対に書き込みます。「2011年8月15日」のように年月日まで書くのもよいでしょう。曜日やその週が1年の何番目の週なのかを書いておく方法もあります。たとえば8月15日がある週は、1年において33番目の週となります。年間では52週あるので、1年の半分が過ぎているのがわかります。今日という日が1年のうちのどのぐらいに位置しているのかを知ることは、「時間の見える化」の別の形です。朝の天気をログ的に書き残しておくこともできます。

一番上のスペースには、その日の目標を書き出します。目標は何でもかまいません。「いつもより少し多めに原稿を書く」とか「ツイッターを見る時間を減らす」という具体的な行動に落とし込めないようなものを書いておけばよいでしょう。このリストは1日の作業時間の間

◉日付と目標を記入

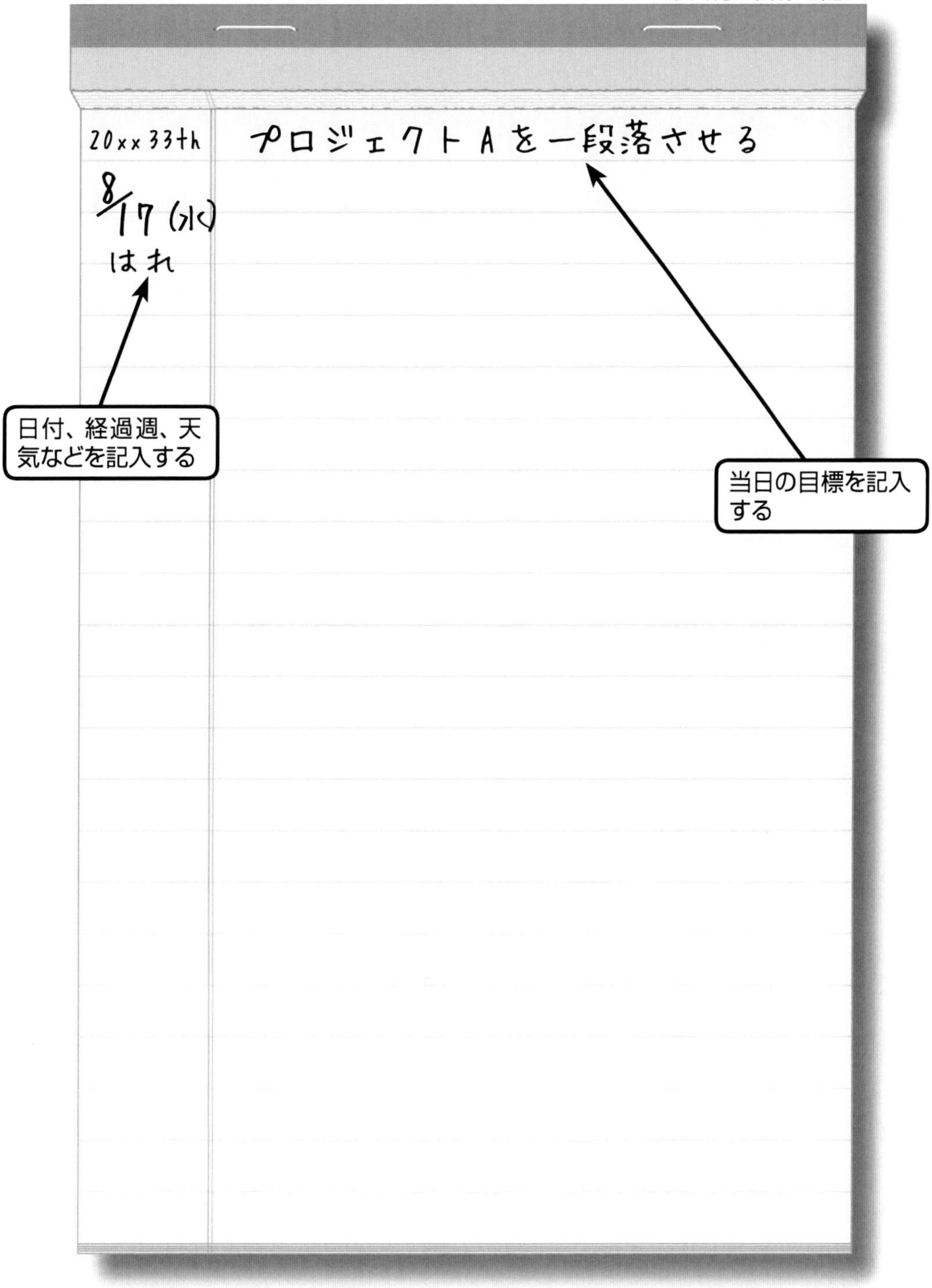
20xx 33th
プロジェクトAを一段落させる
8/17(水)
はれ
日付、経過週、天気などを記入する
当日の目標を記入する

はずっと目にすることになるので、目標を書くのはなかなか効果があります。

また、それぞれのタスクの隣に予定作業時間も記入していきます。この時間は「このぐらいで終わるだろう」という見通しでもありますし、「このぐらいの時間で終わらせる」という宣言でもあります。

こうした時間を見積もって行う作業ではなく、ちょっとした行動（「薬を飲む」など）については、上の方に書いておきます。この際文字のサイズを小さめに書いておくと、よりタスクリストに書き出したものが大きな印象を与えます。

左側の空いたスペースはいろいろな利用法があります。私の場合ＭＩＴ（**Most Important Task**）というマークを入れています。これは自分だけで完結する作業ではなく、執筆などの締め切りがある作業です。ブログは１日更新しなくても社会的な問題はありませんが、ＭＩＴは放置しておくと実質的な問題が生じます。

といっても、ＭＩＴを付けようが付けまいが、そのリストに書き上げたことはすべて実施するので単純な「優先順位」ではありません。あとで見返したときに、「今日は意味あることをしたな」と確認するためのものです。

別の使い方としては、その作業のタグ付けに使う方法もあります。**CHAPTER-2**で紹介した第一領域や第二領域という分類です。あるいは自分なりの分類を作ってもいいでしょう。

◉タスクのリストアップ

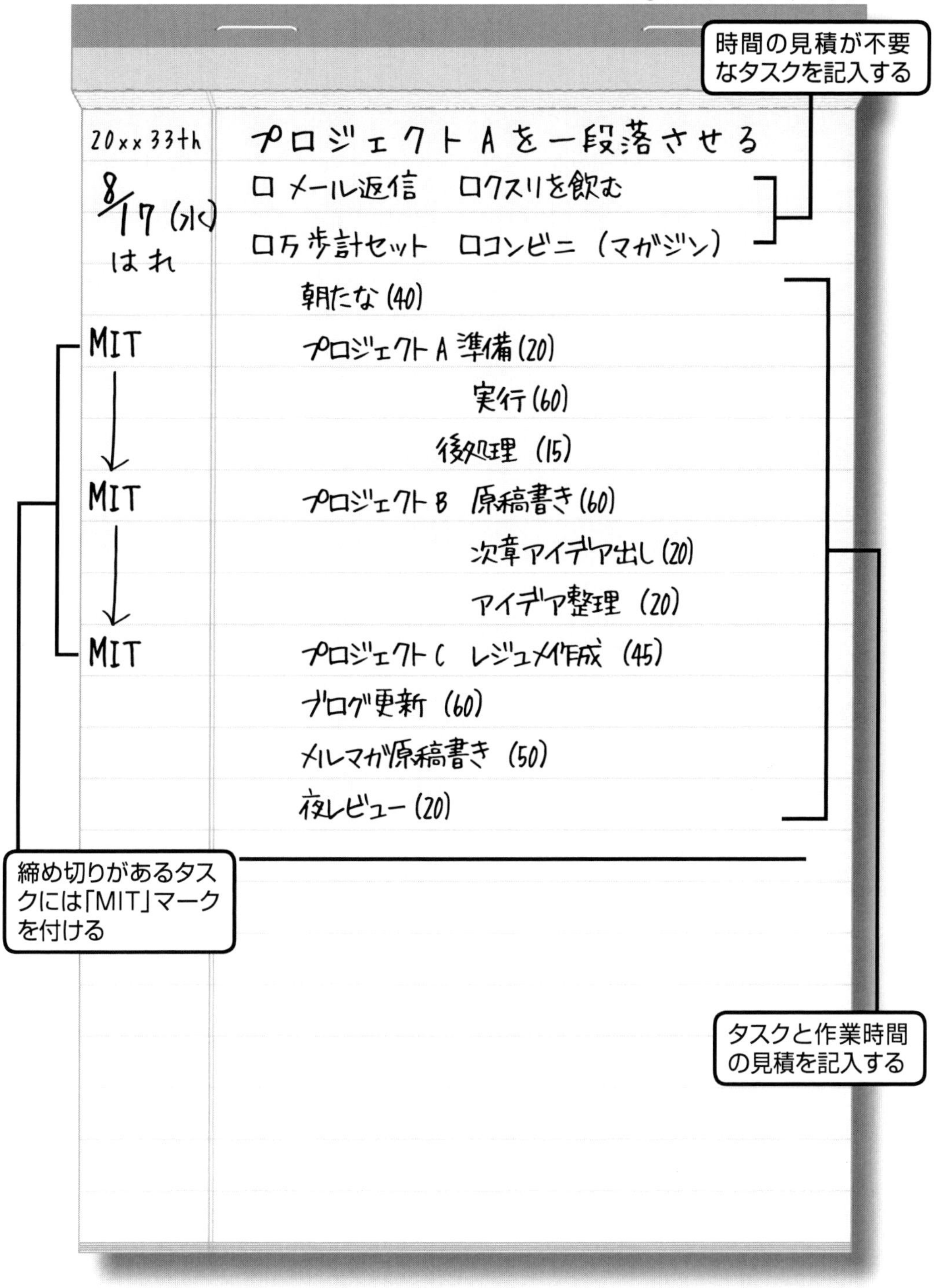

20xx 33th
8/17 (水)
はれ
プロジェクトAを一段落させる
□メール返信 □クスリを飲む
□万歩計セット □コンビニ（マガジン）
朝たな (40)
MIT プロジェクトA 準備 (20)
実行 (60)
後処理 (15)
MIT プロジェクトB 原稿書き (60)
次章アイデア出し (20)
アイデア整理 (20)
MIT プロジェクトC レジュメ作成 (45)
ブログ更新 (60)
メルマガ原稿書き (50)
夜レビュー (20)
時間の見積が不要なタスクを記入する
締め切りがあるタスクには「MIT」マークを付ける
タスクと作業時間の見積を記入する

たとえば「コミュニケーション」「クリエイティブ」という作業内容に合わせた分類です。このあたりは「リストの振り返り」の部分で詳しく紹介します。

以上の事柄を書き出せば第二段階の完成です。朝一番にすることはこれだけです。あとは、これを使って作業を進めていくことになります。

「Dailyタスクリスト」を常に目に入るところに置いておく意味

「Dailyタスクリスト」は、作業時間中は常に目に入るところに置いておきます。いま私はマクドナルドでこの原稿を書いていますが、パソコンの隣には朝に書き出したリストが置いてあります。こういった事柄をバカらしく感じるかもしれませんが、とても大切なことです。

少なくとも、引き出しにしまったり、ファイルに入れっぱなしにしたりしてはリストの効果は半減してしまいます。これはノートでも同様です。リストを書いたページを閉じていてはあまり意味がありません。常に目に入るような場所に置いておく必要があります。

人がインプットする情報の大半は視覚による情報です。目に入った情報は私たちの行動や判断に影響を与えます。つまり、自分の1日の行動を書き出したリストを目に入る位置に置いておくというのは、自分の行動に影響を与えることになります。

これは夕方ごろになったら朝やろう決めたことを忘れてしまう、という短期記憶の限界に対抗するためだけではありません。何か作業しているときに、つい他のことをしてしまう脱線問題にも効果があります。

人が完璧な集中力を持っていれば、こういったことは考えなくてもよいのですが、実際のところ、いろいろ気が散ってしまうことはよくあります。ちょっとだけウェブサーフィン、休憩にツイッター、といって目の前の作業から意識をそらしてしまう……。こうした脱線を100%防ぐことはできないでしょう。

もしこのとき、書き出した作業リストがすぐに目に入るところに置いていなければ、その脱線作業にずっと入り浸ることになってしまいます。なぜならば脱線しているときは、自分が脱線している

◉作業中は「Dailyタスクリスト」を常に机上に置いておく

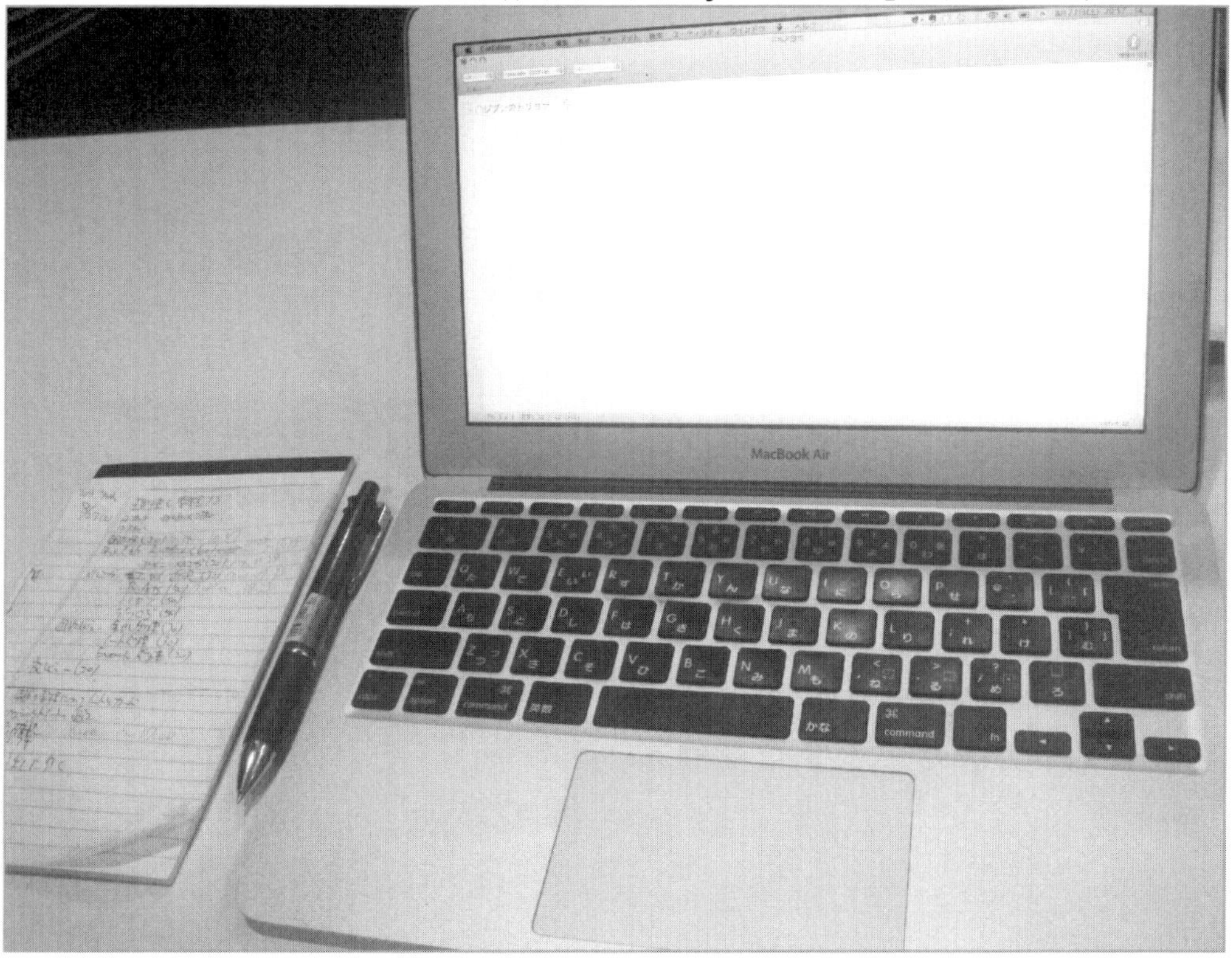

ことを忘れているからです。ウィキペディアのページを読み漁りながら、「あぁ〜自分はいま脱線しているな〜」と気付ける人は稀でしょう。

そうした場合でも、少し視線をそらした先に作業リストが置いてあれば、「我に返る」ことができます。脱線する前の自分に復帰できるわけです。

他の人に自分の作業の進め方が逐一監視されている場合は、こういった事柄に気を遣う必要はないのですが、自分で仕事の進め方のルートを決められる人の場合は、「いかに脱線しないか」あるいは「脱線したときに戻ってこれるか」を考えておく必要があります。それぐらい、人の集中力というのは乱れやすいものです。

私はパソコンで作業することが多いので、逆に「**Daily**タスクリスト」はアナログツールが便利に使えます。パソコンの隣に書き出した紙を置いておけば、いちいちアプリケーションの表示を変えなくてもリストが目に入るからです。もし、パソコンでこのリストを作る場合は、デュアルディスプレイを使う方法があります。この方法であれば、アプリケーションの表示を切り替えなくても、常に目に入る場所にリストを置いておくことができます。

そこまでややこしいことを考えたくない場合や、私のようにノートパソコンを持ち歩いて自宅以外でも作業することが多い人は、紙ツールを使うのが簡単な選択になります。

では、実際にこの「**Daily**タスクリスト」を使ってタスクマネジメントを実践していきます。

14 タスクを消化する

開始時刻と終了時刻を記入する

作業を始める際は、その時刻をタスクの横に記入します。見た目が混ざらないようにタスク名は黒色で、時刻は赤色で書き込んでいます。作業を終えたら、終了時刻を追記し、タスクを赤色の二重線で消します。

これが基本的な進め方です。

リストを書き出した際には、作業時間を見積もっているので、開始時刻を記入する際には、だいたいの終了時刻もわかります。スタートが11時でタスクの見積時間が20分だとすれば、終了予定時刻は11時20分というわけです。このように「どのぐらい作業をするのか」がわかっていると心理的に「見通し」が生まれます。なんとなく「この作業を頑張ろう」と考えているだけのときに比べて、やる気が持ちやすくなります。

この効果は、こうして文章を読んでいるだけではあまり感じられないかもしれません。これは実際に体験してもらうのが一番です。次に何か作業をするときに、漠然と始めるのではなく、○○分だけこの作業をすると決めてから着手してみてください。タイマーをセットして、その時間を「見える化」することもできます。これだけで、作業に取り掛かる際、あるいは作業中の心理が変わるのが実感できるでしょう。

また、作業時間を決めてしまうことは「締め切り効果」を生み出します。20分なら20分という目安があることによって、それに間に合うように作業を進めようという気持ちが生まれます。単なる作業に、ちょっとしたゲーム感覚が生まれるわけです。このように自分のやる気を少しでも引き出せれば、タスクを実行する助けになるでしょう。

終えたタスクを二重線で消す効果

「やる気を引き出す」という意味合いでは、終えたタスクを消すことにも意味があります。これはよくいわれる、タスクを消すことで達成感を得る、というだけではありません。

行動経済学で、ポイントスタンプに関する実験が行われています。この実験では買い物をしたときにスタンプを押してもらえるカードを使います。片方のグループはまっさらな状態で7個のスタンプを集める必要があります。もう片方のグループに渡されるカードは10個のスタンプを集める必要があるものの、すでに3個のスタンプが押してある状態です。実際に集めるスタンプの数は同じですが、結果的にもともと3個のスタンプが押してあるカードを

◉タスクの実行と消去

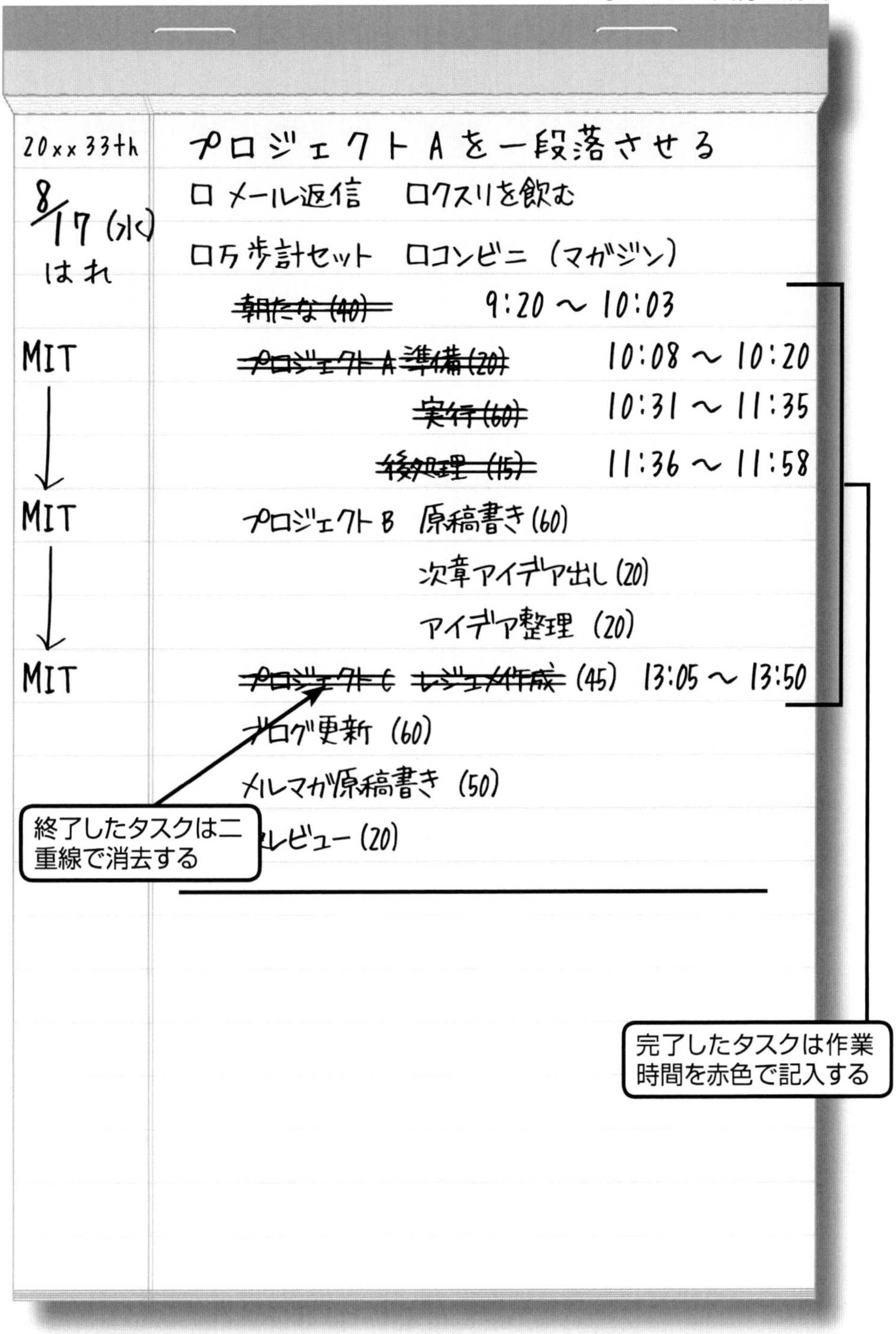

20xx 33th
8/17（水）
はれ
プロジェクトAを一段落させる
□メール返信　□クスリを飲む
□万歩計セット　□コンビニ（マガジン）
朝ごはん（40）　9:20～10:03
MIT
プロジェクトA準備（20）　10:08～10:20
実行（60）　10:31～11:35
後処理（15）　11:36～11:58
MIT
プロジェクトB　原稿書き（60）
次章アイデア出し（20）
アイデア整理（20）
MIT
プロジェクトC　レジュメ作成（45）　13:05～13:50
ブログ更新（60）
メルマガ原稿書き（50）
レビュー（20）
終了したタスクは二重線で消去する
完了したタスクは作業時間を赤色で記入する

もらったグループの方が最後まで集めた人の数が多かったそうです。この実験結果を踏まえると、「まったく着手されていないタスクリスト」よりも、「少し終了しているものがあるタスクリスト」の方が私たちのやる気に影響を与えると考えられそうです。

これから行うタスクだけではなく、その日やり終えたタスクも目に入るようにしておくのは、こうした観点から意味があるといえます。デジタル式のタスクリストでは、やり終えたものの表示が消えてしまうものがありますが、1日の作業を管理する「**Daily**タスクリスト」では、やり終えたものが目に見える形で残っている方が、残りのタスクを進めるためのやる気に関係してきます。

15

作業中のタスクの追加

リストはクローズ・リストにする

朝一番にタスクを書き出したあとに、横線で区切りを入れました。これはリストを閉じる（クローズする）意味があります。「**Daily**タスクリスト」は、基本的にクローズ・リストです。この考え方はマーク・フォスターの『マニャーナの法則 明日できることを今日やるな』（ディスカヴァー・トゥエンティワン）という本で紹介されています。

「クローズ・リスト」とは、あまり聞いたことのない言葉かもしれませんが、簡単にいうと「ここまで！」というラインが引かれた仕事のリストです。ラインの下には何も追加できません。

「**Daily**タスクリスト」は、この特徴を視覚的に表すために実際にラインを引くようにしています。『マニャーナの法則』ではこのクローズ・リストの特徴が3つあげられています。

- 仕事のリストを閉じる(クローズする)ので、そこにある仕事が、追加分によって妨げられないこと
- リストが大きくならない、つまり仕事さえしていればリストは必ず小さくなること
- 仕事をすべて終える前提なら、順番にこだわる必要がないこと

ここで重要なのは2つ目のポイントです。つまり、「仕事さえしていればリストが確実に小さくなっていく」ことです。これは、はっきりとした終わりが見えているという意味では、「見通し」ができているわけです。これが「やる気」につながります。

もしこれとまったく逆、つまりフルオープンなリストであればどうでしょうか。タスクリストに10個の作業が書いてあり、1つ消化するたびに常に新しい1個が追加される。いつまでたってもリストは新品のままで、終わりが見えない。軍隊の行進でいえば、10キロメートル歩くたびごとに、「あと10キロ追加」と追加で命令され続けるようなものです。このような状況でやる気を持って仕事をすることは困難でしょう。

リストをクローズしないで、入ってくる仕事、目に付く仕事をどんどん追加してしまう状況は、見通しが得られないだけではなく、状況がコントロールできていない感覚にもつなが

●作業途中のタスクの追加

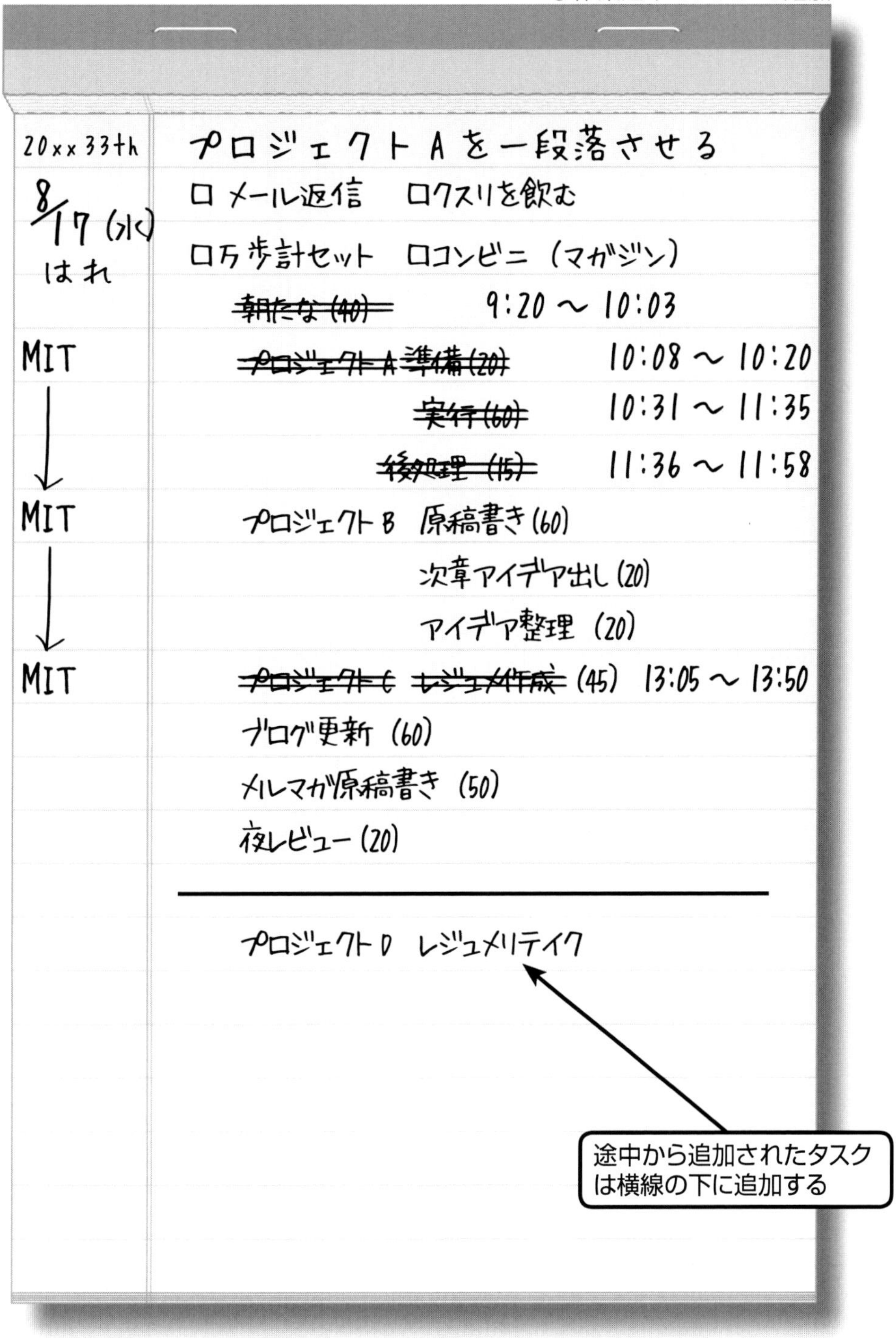

ります。タスクマネジメントとしては最悪の状況です。

もちろん、ルールがどうであれ、やらなければならない仕事は実際にやる必要があります。ただ、管理の仕方によって、それが「やる気が起きやすいもの」になるのか「やる気が起きにくいもの」になるのかの違いが出てきます。見通しが持てたり、コントロールできている感覚が持てている状況とそうでない状況とでは心理的に大きな違いがあります。いままでの「仕事術」は、こういった心理的な面を軽く扱いがちです。

まったく同じ仕事でも、好感の持てる上司に丁寧に頼まれるのと、苦手な上司にぶっきらぼうに押しつけられるのとでは、「やる気」は違ってくるでしょう。それは別におかしなことではありません。まったく同じ長さの直線でも、片方に外向きの傘、もう片方に内向きの傘を付けると、違った長さに見えてきます。こういう錯視はよく知られていますが、先ほど紹介した行動経済学のスタンプ実験のように、私たちが感じる「ものの価値」にも錯視と似たような現象が起こります。

リストをクローズにするのは、安易にこのリストに作業を追加しないということです。もし何か新しい作業に気がついたり、仕事を回されたときは、すぐに取り掛かるのではなく、一度落ち着いてからその作業は本当に今日やるべきなのかを判断することです。そうして判断した上で今日やると決めたのならばリストの下に追記し、時間を見積もって記入します。

もし「すべての作業を終えて、時間が余ったらやろう」と判断したのならば、とりあえずその作業名だけを記入しておき、時間を見積もらないことで、やると決めたタスクと区別することができます。

たったこれだけのことですが、こうすることで自分がタスクをコントロールしている感覚を持つことができます。

目先の仕事に振り回されない体制を作る

これは、緊急に上司から振られた仕事を「ちょっとまってください」と頑なに断れといっているわけではありません。仕事のコントロールを100％握ることが目的ではないのです。あくまで、コントロールしている感覚を持つことが目的です。

そのためには、「目先の仕事に振り回されない」ことが肝心です。人間の脳は「新しいもの」に反応しがちです。何か作業をやっているときでも、ふと気になったことや、ついさっき言われたこと(でも、特にすぐにする必要のないこと)を重要なものとして捉えがちです。

こうした目新しい作業ばかりに飛びついていては、必要な仕事が進まないばかりか、仕事をコントロールしている感覚も失われてしまいます。そういう状況に陥らないために、リストをクローズにして、やるべきかどうかを一度考えた上で追記する形にするわけです。

16

「日次レビュー」の実行

1日の終わりにレビューする

1日の作業を終えたら、「Dailyタスクリスト」を振り返る作業を行います。こういった作業は「日次レビュー」や「Dailyレビュー」と呼ばれています。

「日次レビュー」では、主に次の2つの作業を行います。

- **やり終えた作業の確認**
- **やり残した作業の確認**

「やり終えた作業の確認」では、それぞれの作業時間を計算していきます。開始時刻と終了時刻が記入されているので、実際どのぐらいその作業に時間を使ったのかはすぐにわかります。その時間をリストの左側の部分に記入していきます。

これらの数字をExcelなどの表計算ソフトに入力していけば、1週間や1カ月を通してどの

◉日次レビュー

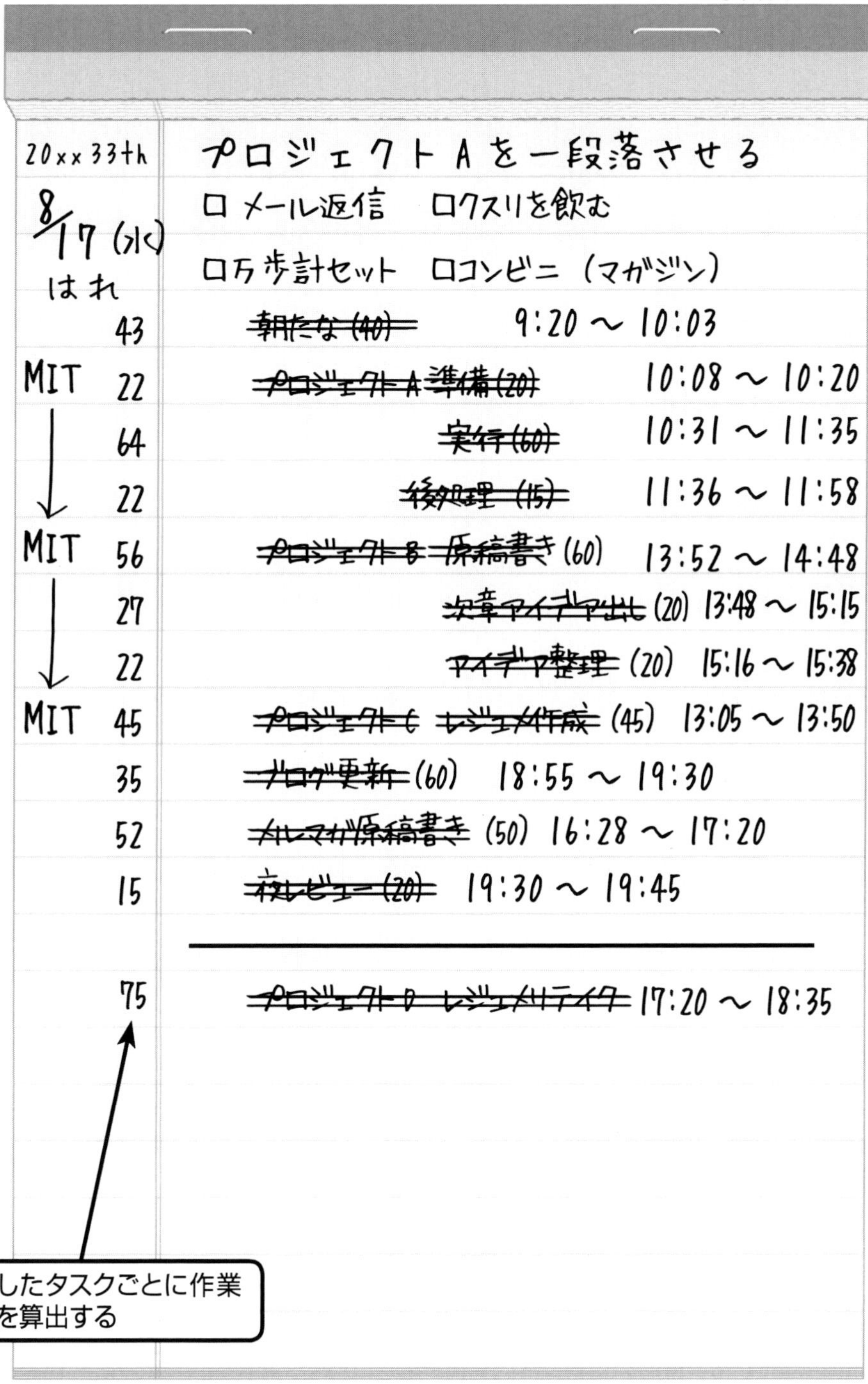
20xx 33th
8/17(水)
はれ
プロジェクトAを一段落させる
ロ メール返信 ロクスリを飲む
ロ万歩計セット ロコンビニ(マガジン)
43 朝たな(40) 9:20～10:03
MIT 22 プロジェクトA 準備(20) 10:08～10:20
64 実行(60) 10:31～11:35
22 後処理(15) 11:36～11:58
MIT 56 プロジェクトB 原稿書き(60) 13:52～14:48
27 次章アイデア出し(20) 13:48～15:15
22 アイデア整理(20) 15:16～15:38
MIT 45 プロジェクトC レジュメ作成(45) 13:05～13:50
35 ブログ更新(60) 18:55～19:30
52 メルマガ原稿書き(50) 16:28～17:20
15 夜レビュー(20) 19:30～19:45
75 プロジェクトD レジュメリライト 17:20～18:35
終了したタスクごとに作業時間を算出する

程度作業に時間を使っているのかがわかります。紙ツールに記入していき、電卓で合計してもよいでしょう。

一度記録を取ってみるとわかりますが、案外「作業をしている時間」というのは長くありません。少なくとも自分が「記憶」している感触よりはずっと短いはずです。これを確認するだけも、時間の使い方や計画の立て方に変化が生まれます。

私は、「執筆」に使っている時間を把握したいので、書き物作業に使った時間を「Weeklyプランナー」に転記するようにしています。こうした数字を1週間レベルの振り返りのときに確認しています。もしこの数字が少なすぎるならば、別の作業に時間を取られすぎていることになります。それを前提として、次の週の計画を立てていくわけです。

職種が違っても、仕事の中でコアになる作業というのは何かしらあるはずです。その作業にどのぐらい時間を使えているのかを把握しておくことは有用です。

ドラッカーも「時間を管理するには、まず自らの時間をどのように使っているのかを知らなければならない」と書いています。逆にいえば、自分がどのように時間を使っているのかを、「記憶」ではなく「記録」で知ると、時間の使い方や行動のスタイルに変化が生まれます。

こういった作業は特に「生産的」というわけではありません。保守やメンテナンスに近いイメージです。そのため、ちょっと面倒という気持ちが湧いてきます。

しかし、まったくメンテナンスを行わないシステムを想像してみてください。OSのアップデート、ウイルスソフトの更新、ハードディスクのデフラグ、という作業を行わないとパソコンは徐々に使いにくくなってきます。これは長期的に見て生産性を下げることにつながるでしょう。

同じように、セルフマネジメントのシステムでも、保守やメンテナンスと同じような作業を定期的に行う必要があります。

自分の行動や作業についての記録を残しておき、それをレビューする作業は、自分の行動を改善するための一歩になります。そういった振り返りをし

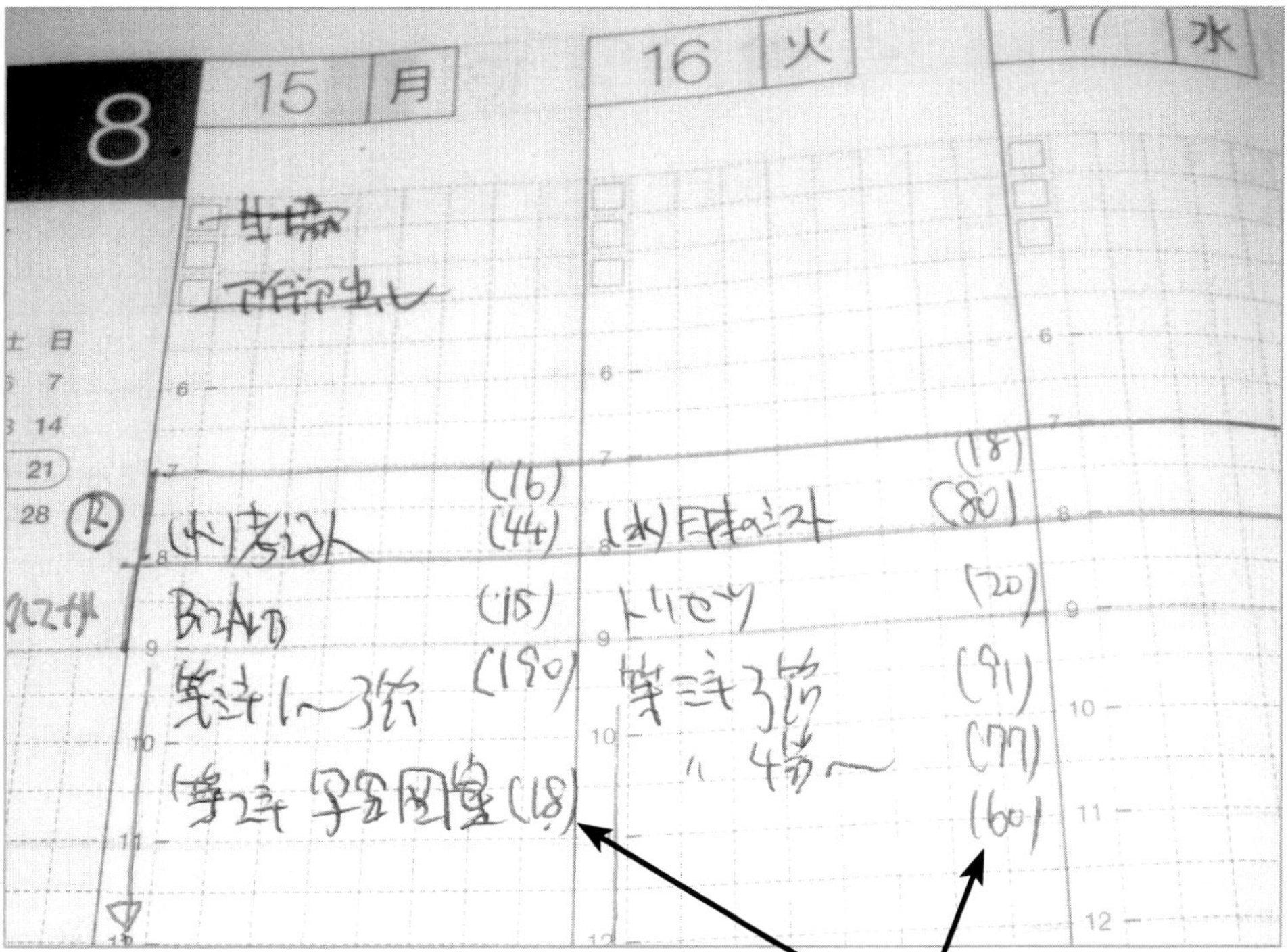

細かく管理したい執筆の作業時間は「Weeklyプランナー」へフィードバックする

ないで、時間の使い方や行動習慣を変えていくのは難しいといわざるを得ません。

これは、一度記録を取ってみると実感できるでしょう。1週間分でも振り返ってみれば、自分が思っていた（記憶していた）ようには、時間を使っていないはずです。それがわかるだけでも、「理想的」すぎる計画を立てなくなります。

やり残した作業を明日の自分に「引き継ぐ」

レビューのもう1つの作業は「やり残した作業の確認」です。もし、すべてのタスクが終わっていれば、この作業は不要です。しかし、計画通りにすべてが進むとは限りませんし、また追加で入ってきた作業をとりあえずメモしておいたという場合もあります。

その作業は、明日の自分に「引き継ぐ」必要があります。「まあ、これぐらいのことは覚えているだろう」と考えては、かなりの確率で忘れます。

私は、やり終えた「**Daily**タスクリスト」をそのまま机の上に置いておきます。こうしておけば、次の日新しい「**Daily**タスクリスト」を作成する際に、間違いなく目に入ります。朝一番にメールを確認している人は、自分宛てにメールを送っておくという方法もあります。**Evernote**をチェックする人ならば、**Evernote**のインボックスに入れておいてもよいでしょう。なんであれ、自分が1日の計画を立てるときに見逃さない場所に、「**Daily**タスクリスト」を置

●作業記録の保存

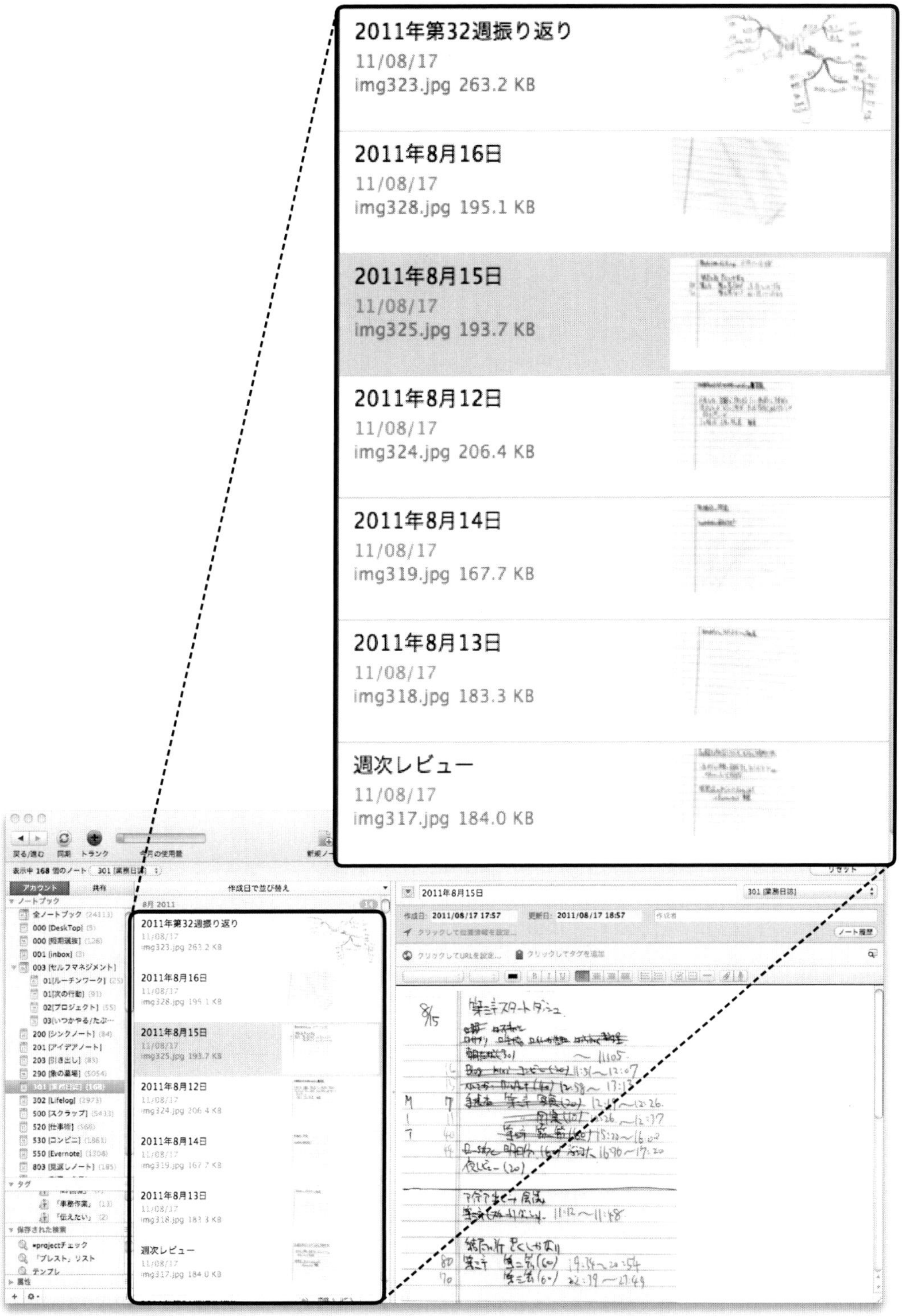
2011年第32週振り返り
11/08/17
img323.jpg 263.2 KB
2011年8月16日
11/08/17
img328.jpg 195.1 KB
2011年8月15日
11/08/17
img325.jpg 193.7 KB
2011年8月12日
11/08/17
img324.jpg 206.4 KB
2011年8月14日
11/08/17
img319.jpg 167.7 KB
2011年8月13日
11/08/17
img318.jpg 183.3 KB
週次レビュー
11/08/17
img317.jpg 184.0 KB

いておくことです。

すべての役割を終えた「Dailyタスクリスト」はスキャンしてEvernoteに送信します。私のEvernoteには「作業記録」というノートブックがあるので、そこに保管されることになります。こうしておけば、1週間前の「Dailyタスクリスト」を見返したくなったときでも、いちいち紙の束を探し回る必要はなくなります。

Evernoteであれば、使っている紙がB5サイズなのかA5サイズなのかを気にすることなく保存が可能です。紙そのものをファイリングしようと思うと、そういった差が問題になることもあります。

また、1週間だけ試しにiPadで「Dailyタスクリスト」を作ってみるという「浮気」をしても問題ありません。作成したものを画像かPDFファイルでEvernoteに送信すれば、その他の「Dailyタスクリスト」と同様に保存できます。デジタルやアナログという違いを気にすることなく、情報そのものの性質で一元管理できるEvernoteはアーカイブ先としては最適です。

17 タスクの保管場所としてのEvernote

総合的なタスク倉庫としてEvernoteを使う

「**Daily**タスクリスト」は「その日やること」を俯瞰するためのツールで、「**Weekly**プランナー」は1週間を俯瞰するためのツールです。短期はこの2つで問題なく回せますが、それ以上の期間の「やるべきこと」もどこかに保存しておく必要があります。この役割はデジタルツールが適しています。

長期的な視点での「やるべきこと」をすべて保存しようとすると、その数はかなりの量になってきます。それらすべてを手帳やノートで管理するのは難しいものがあります。また、途中で変更になったり、新しく追加されたり、という編集的要素も出てきます。これらもデジタルの方が得意な分野です。さらに数が増えるほど、特定のものを見つけ出す手間もかかるようになります。デジタルであれば検索を使うことで、この問題に対処できます。

探してみると、デジタルでタスクを管理できるツールはたくさん見つかります。それぞれのツールは特徴が異なっているので、これを使えばよいという画一的な答えはありません。

人気のあるツールとしては、「**Toodeledo**」や「**Remember the milk**」「**Nozbe**」などがあります。これらはすべてクラウドベースのツールで、パソコンだけでなくスマートフォンからでもタスクの追加・参照・編集が可能です。

Nozbeは**Evernote**や**Dropbox**などのクラウドツールとの連携が可能なので、両方のツールを使っている人であれば、有望な選択肢でしょう。

選択の際には、タスクをリスト（あるいはプロジェ

●Evernote以外の代表的なツール

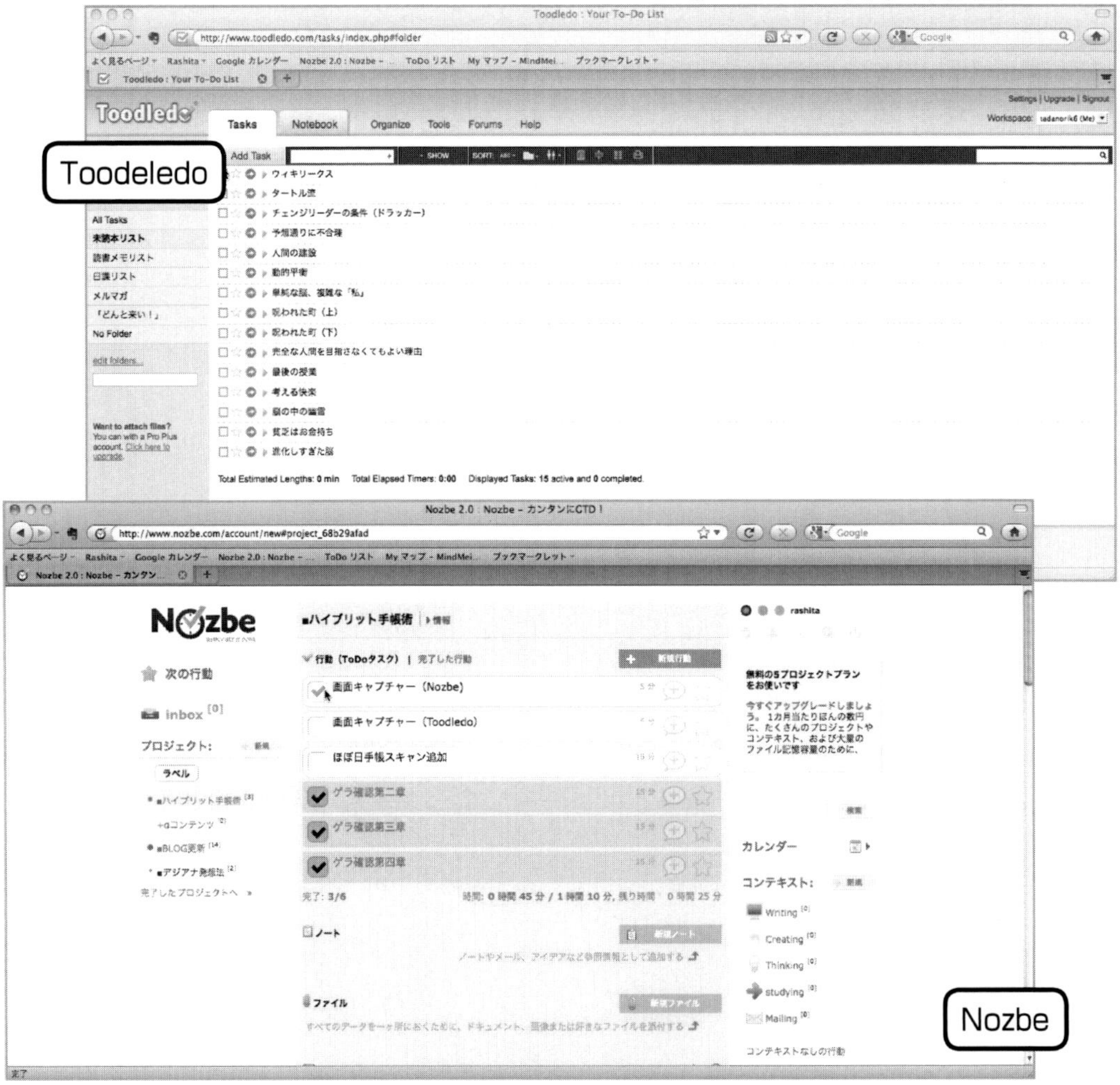

クト）の形で仕分けできるものか、タグを使って多義的に分類できる機能が付いているものを選ぶことをおすすめします。長期的な「やるべきこと」の数はどうしても多くなってくるので、こうした仕分けをしないと何がどこにあるのかが見えにくくなります。それ以外は、機能の差あるいはデザインや価格で比較して判断すればよいでしょう。

私の場合は、前述のように**Evernote**をタスクの保存先として使用しています。**Evernote**もクラウドツールであり、ノートブックやタグという機能でノートを仕分けることができます。またチェックボックスを使うことができるので、タスクの保存用途にも使えます。

ただし、その他の専用タスク管理ツールに比べると、「締め切りの日付によるリマインダー」という機能がなく、これ単体でタスクマネジメントを行うのは不十分です。私の場合は、「**Weekly**プランナー」、あるいは「**Daily**タスクリスト」という実行レベルでのタスクを保存するツールがあるので、うまく使い分けができています。

小売業でたとえれば、**Evernote**は商品をまとめて保管する倉庫です。ここにはお客さんは来ません。もし来たとしても、あまりの商品量に何を買えばよいのか検討すら付かないはずです。実際に商品を陳列するのは小売店の店舗です。ここに必要な分の商品を棚に並べることができます。1週間分の在庫が「**Weekly**プランナー」、1日分の在庫が「**Daily**タスクリスト」にあたります。

タスクはプロジェクトごとかコンテキストごとに管理する

Evernoteに保存されているタスクは、大きく分けて2つのタイプがあります。1つはプロジェクト別にまとめたもの。こちらは、特定の企画や書籍の執筆など中長期的な1つの大きな目標に必要なタスクです。これは1枚のノートにまとめてあります。

もう1つがコンテキストごと。プロジェクトに関係しない個別の作業は、タグを付けて管理します。簡単なものでは「事務作業」や「気が向いたら」というものです。こうやってタグを付けておけば、検索したときにすぐに見つけられます。

タスクを思いついたり、誰かから指示があった場合は、まず真っ先に**Evernote**にメモするようにしています。そして、プロジェクトに必要なものならばプロジェクトのノートに、そうでないならばタグを付けるなどして保存することになります。このメモから処理の流れは次の**CHAPTER**にて紹介していきます。

●プロジェクトのノートのサンプル

●検索結果の例

Column

ToDoリストとタスクリスト

タスク管理の話題でよく登場するのが「ToDoリスト」と「タスクリスト」の2つの言葉です。一般的に同じ意味で使われていますが、私は別のものとして捉えています。

「ToDoリスト」はすべきこと、つまり達成すべきことがらを列挙したものです。「8月15日までに企画書を完成させる」というのはToDoにあたります。こちらは行動というよりも状態と呼んだ方がよいかもしれません。

対して「タスクリスト」は作業レベルでのリストです。「企画書ラフ案のアイデア出し」「出したアイデアをA4サイズのシートにまとめる」「まとめたものを参考にファイルを作成する」などが「タスクリスト」になります。言い換えれば、実際に取れる行動レベルまで落とし込んだものが「タスクリスト」です。

- **「ToDo」は達成すべき状態であり、そのためには複数の行動が必要なものです。逆に言えば、「ToDo」そのものを実行することはできません。**
- **「タスク」は作業レベルの行動です。それを見れば、何をするのかがすぐにわかるものです。「タスク」は実行することができます。**

実際に行動を進めていく上で必要なのは「タスクリスト」です。対して、全体の状況を俯瞰するために必要なのが「ToDoリスト」となります。もちろん、この言葉の使い分けは私独自のものなので絶対的な定義ではありません。デビッド・アレンが提唱するGTDでは、達成するのに1つ以上の行動ステップが必要な案件のことを「プロジェクト」と呼びます。実際にとる行動が「アクション」です。「ToDo」と「タスク」は、「プロジェクト」と「アクション」に相当します。

この2つの区別することなく、1つのリストで管理しようとすると、だいたい破綻することになります。充分な注意が必要です。

CHAPTER-4

4種類のメモで実現する「どこでもメモ環境」

18

「どこでも」メモ環境とは

今までの手帳の「メモ欄」の問題

手帳の基本的な機能である「スケジューリング」と「タスクマネジメント」についてみてきました。これに加えて、もう1つよく使われているのが「メモ」としての用途です。自分の頭で覚えているかわりに、ちょっと手帳に書き付けておいて、あとでそれを参照するという使い方は一般的でしょう。

しかしながら、普通の手帳における「メモ欄」はそれほど大きなものではありません。扱う情報が多い現代において、メモできるスペースが小さいことは、手帳を仕事のパートナーとして使うには力不足といわざるを得ません。

そういった要望に応えるかのように、メモを特別扱いしている手帳も数多くあります。システム手帳ではリフィルを追加することにより、いくらでも新規のメモ欄を増やすことができます。野口悠紀雄氏が考案した「『超』整理手帳」では、アイデアメモがスケジュール・シートとは別になっていて、必要に応じて新規で追加することができます。同じように手帳とは

「どこでも」メモ環境の情報の流れ

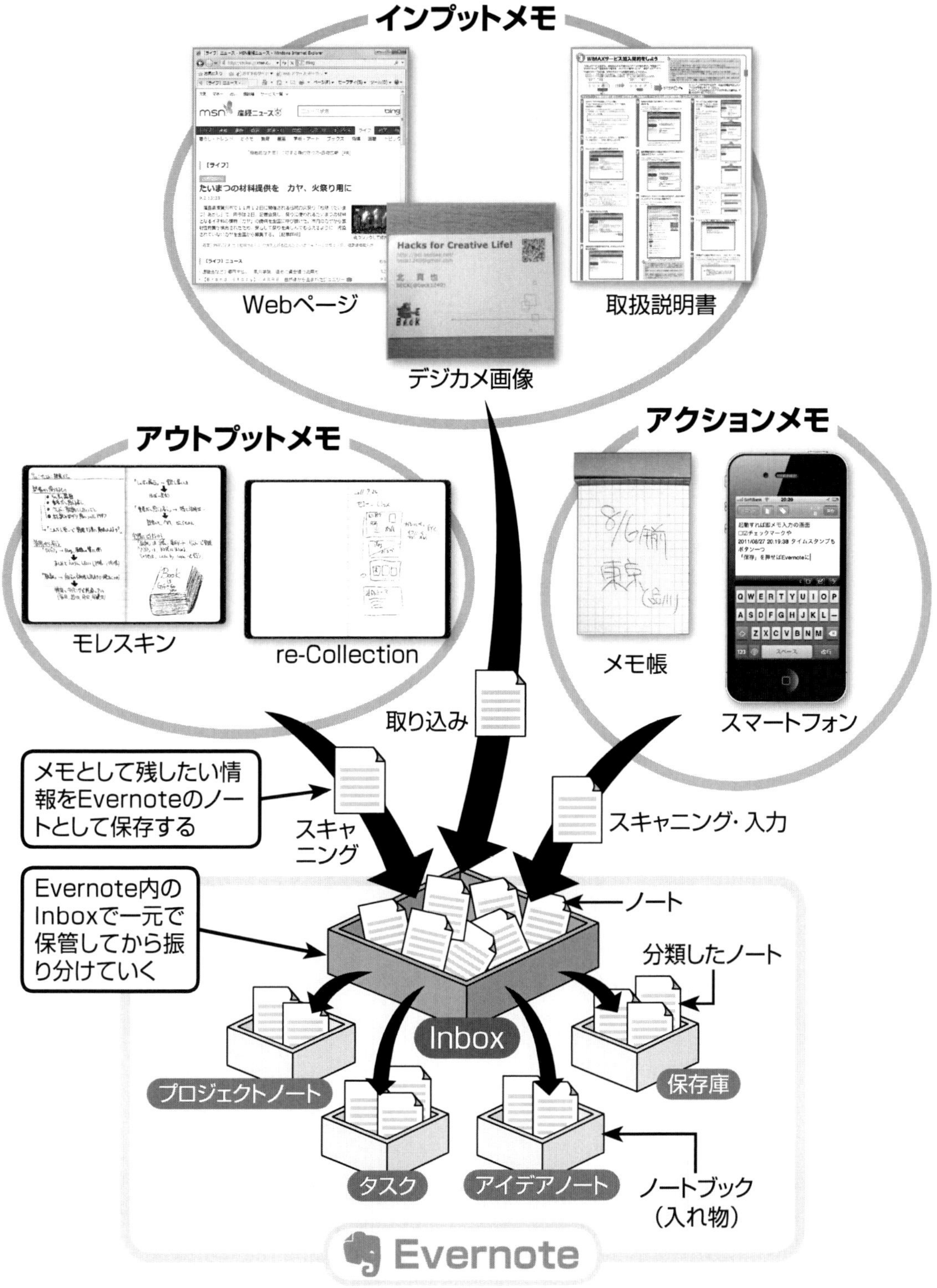

別に小さなノートをメモ帳かわりに持ち歩いている人もいるでしょう。

ほぼ日手帳は、大半がメモ帳のような手帳です。1日が1ページになっているため、普通の手帳に比べれば大量のメモを書き残すことができます。

このように、最近ではメモを重要視し、多く書き残せる配慮がなされている手帳に人気が集まっているようです。

メモの役割と必要な機能

そもそもメモの役割とは一体なんでしょうか。国語事典の大辞林(**iPhone**アプリケーション版)には、次のように載っています。

> 忘れたときの用心に書き付けること。また、その書き付けたもの。手控え。覚え書き。

毎日同じルーチンワークをこなしている仕事では、メモの重要性はそれほど大きくなかったのでしょう。しかし、現代ではいろいろなことを「覚えて」おかなければなりません。最新の情報や、業界の動向、上司の指示、取引先の要望、作業内容の変更……仕事に関する情報だけでも数え上げればキリがありません。それを人の記憶だけで管理するのは無理があります。

もし、そうしようと思えば1日の仕事時間を、「情報を記憶すること」だけに使わなければならなくなります。

自分で記憶するかわりに紙に書き付けておく、つまり「脳」の記憶のかわりを担うのがメモの役割です。

また、メモする対象は外から入ってくる情報だけにとどまりません。思い付いたアイデアや、閃き、あるいは思考内容などもメモの対象になります。こういったものは自分の頭の中から出てきているので、メモする必要性を感じていないかもしれません。しかし、外から入ってきた情報は、最悪もう1度調べたり、失礼を承知で尋ね直したりすれば、再び手に入る可能性がありますが、自分の頭の中から浮かんできた発想は、自分自身でそれを保存しておかないかぎり、再度入手する手段がありません。重要度は「外」よりも「内」のほうが高いのです。

何かについてのアイデアや閃きは、新しい価値を生み出す素（もと）になり得ます。新しい価値を生み出したいと考えているならば、この「素」を軽く扱うことはできません。

こういった点を考慮すれば、外から入ってくる情報だけではなく、自分の内側から出てくるものも、しっかりと保存しておく必要があります。

鮮度の良いメモを残す

メモの役割は「忘れたときの用心に書き付けること」です。つまり自分の記憶のかわりに記録しておくことです。では、効果的なメモの要件とは何でしょうか。私はそれを、「鮮度の良いメモ」が残せることだと考えています。

「鮮度の良いメモ」という言葉には、2つの意味があります。

1つは、思い付いてから時間を置かずに書き付けられたメモのことです。人の短期記憶は頼りになりません。時間が経てば、簡単に忘れられてしまいます。短い時間でも、意識が別の事柄に注意を向けたとたんに失われてしまいます。何かの用事で別の部屋に移動して、「あれ、何しに来たんだっけ?」と当惑した経験は誰にでもあるのではないでしょうか。きっと、その移動の短い時間の間に、何か別のことを考えていたはずです。このように意識が別の方向に向くだけでも、短期記憶の中身はとたんに曖昧になってしまいます。

これを防ぐためには、「メモを取ろう」と思った瞬間にメモが取れることが重要です。「ちょっとあとで」と考えてしまっては、メモの効果は薄れます。ちょっとあとになっては、メモに取ろうとしていた内容を忘れてしまっているかもしれません。一番ありがちなのは、メモを取ろうとしていたこと自体を忘れてしまう状況です。

また、メモを取るためのツールの操作が難しかったり、手間がかかったりするのも問題です。そういうツールだと、「面倒だからまたあとで」という気分になってしまいがちです。同様に起動に時間がかかりすぎるツールもメモツールとしては望ましくありません。

どこでもメモが取れて、使うのが簡単で、すばやく記入（あるいは入力）できる機能が必要です。

もう1つの「鮮度の良さ」は、イメージに関係しています。できるだけ頭の中に浮かんだままの状態に近いメモを残すことがポイントです。

頭の中に浮かんでくる「着想」はさまざまな形を取ります。1行のフレーズであったり、あるいは概念図のようなイメージとして表現できるものもあります。相関関係や因果関係、重要度や時系列の流れがイメージで浮かぶこ

鮮度の良いメモとは?

ともあるでしょう。それらを損なわないように、そのままの形で保存しておけるのがベストです。

1行程度のフレーズならば、テキスト形式でも手書きメモでもさほどかわりはありません。しかし、イメージを含むものになると、テキスト形式では充分に保存できない要素が出てきます。このあたりはアナログ式のメモが得意といえる領域です。

シーンごとにメモを使い分けて「どこでもメモ」を実現する

これまでみてきたことを総合的に考えると、次の3つのポイントが浮かび上がってきます。

- **メモはたくさん残せるのがよい**
- **メモはどこでも・簡単に・すばやく残せるのがよい**
- **メモはイメージに近い形で残せるのがよい**

これを単一のツールで実現することはなかなか難しいところです。少なくとも手帳1冊だけでは、少々心許ないことは間違いありません。

「手帳」を「手帳システム」として考え、さまざまなツールで役割分担しているように、メモも単一のツールで考える必要はありません。適材適所を考えて、複数のメモツールを使い分ければ「鮮度の良い」メモをたくさん残せるはずです。

メモの死蔵を防ぐための一元管理

ただし、1点だけ注意する点があります。それはメモの特性とも関係しています。

基本的にメモは「あとで見返して使うもの」です。100枚や1000枚メモを残したとしても、それを見返さなければ「メモを取った」という満足感しか残りません。いわゆる「メモの死蔵」状態です。

メモは見返して初めて意味を持つものです。メモのシステムを構築する場合は、「いかにメモを取るか」に加えて、「どのようにしてそれを見返すか」も考慮する必要があります。

「情報を1冊でまとめる」タイプの方法は、見返しを促進するうまい方法です。情報を一元管理しておければ、見失う可能性は低くなります。これはメモを活用する1つの方法論といえるでしょう。

対して複数のツールをメモ帳にしてしまうと、メモの内容が点在するため、「見返し」がうまくできないことが起こりえます。これは「メモの死蔵」への第一歩です。

この問題には、メモを一括して保存する「**Inbox**」を導入することで対処できます。

一元管理をするにあたっては、メモ帳などの記入元を統一するのではなく、保存する場所を1つの場所に決めておくわけです。つまり、メモの入り口は複数あるけれども、そのメモが保存される場所が単一という環境です。そして1つの場所に集められたメモをあとで見返す仕組みを作ります。

これで複数のツールを使っていても、「メモの死蔵」は避けられます。

メモシステムについてまとめてみましょう。まず複数のメモツールを状況に合わせて使い分けます。次に、その保管場所を1カ所にします。最後に、それを見返すためのシステムを作ります。これが私の「手帳システム」におけるメモシステムです。

では、実際にどのようなメモを取るのかを紹介していきましょう。

19 情報の性質と特性に合わせたメモの分類

メモを性質に合わせて3種類＋1種類に分類する

メモの役割は、自分で記憶するかわりに記録しておくことです。では、何を記録するのでしょうか。

『「超」手帳法』（講談社）の中で、野口悠紀雄氏は「メモしていけないことはない」と書いています。これを言い換えれば、ありとあらゆる情報がメモの対象ということになるでしょう。あとで参照する可能性のあるもの、見返したときに価値が出そうなものに関しては、何だってメモしておけばよいわけです。

このメモを、保存する情報の性質に合わせて分類してみます。

- アクションメモ（行動につながるメモ）
- インプットメモ（外部情報のメモ）
- アウトプットメモ（自分の頭の中のメモ）

●ライフログメモ（日々の出来事・感想のメモ）

これらは同じ「メモ」というカテゴリに属してしますが、メモするシチュエーションや、メモしたあとの処理・使い方が異なっています。

特に前の3つのタイプのメモと、最後のライフログメモは大きく用途が違っています。これについては分けて考えた方がよいでしょう。ライフログメモについては**CHAPTER-5**で紹介することにします。

最初の3つのタイプのメモについてみていきましょう。

20 「アクションメモ」の利用法

「アクションメモ」とは

「アクションメモ」とは、名前の通り、行動を促すためのメモです。

上司から「来週までに報告書まとめておいて」といわれたり、週末に部屋を掃除しようと思い付いたときに残すメモがこれになります。あるいはビジネス書などを読んでいて、「これは実践したい」と思ったことを書き残しておくのもこのタイプのメモになるでしょう。

いますぐ着手はできないけれども、あとで具体的な行動が必要になるものを記録しておくメモです。このタイプのメモは、アナログでもデジタルでも大きな違いは生まれません。「～をする」「～を止める」という内容で、たいていは1行で収まるはずです。このぐらいの量であれば、手書きでもキーボードの入力でも、速度の差はそれほどは生まれません。

「アクションメモ」を取るツール

私の場合、こうしたメモは**iPhone**の「**FastEver**」というアプリケーションを使って、**Everntoe**

に送信しています。もし、**iPhone**で電話しているときに、メモを取る必要が出てきたら、その辺にある紙を使います。私の作業机にはロディアの**No.11**のメモが常備してあるので、だいたいはそれを使います。カフェであれば、ナプキンを使ったり、**CHAPTER-3**の「**Daily**タスクリスト」の空白欄に記入することもあります。

こうしたときに、無理にツールを統一しようとして「電話が終わってから**iPhone**でメモを取ろう」とは考えない方が賢明です。たいていはそうしても問題ないでしょうが、100%忘れないとは言い切れません。電話を切った瞬間に誰かから話しかけられて、内容を忘れてしまうことも可能性としてはあります。

紙のツールでメモを残した場合は、**iPhone**の「**FastEver Snap**」でメモを撮影し、それを**Evernote**

●FastEverでのアクションメモ

FastEver
対応機種：iPhone、iPod touch、iPad互換、iOS 3.0 以降
App Storeカテゴリ：仕事効率化
© 2010 rakko entertainment.

に送信します。送信後のメモはもう必要ないので捨てても問題はありません。
同じように読書中に、なにかやりたいことが思い浮かんだときも、そのままその本に書き込むようにしています。読書後に、ページを見返して、書き込んだ内容を**iPhone**で撮影して**Evernote**に送る手順は同様です。

手近にあるツールでスピーディに記録する

こうしたメモは書かれている情報の内容だけが意味を持ちます。「何らかの行動を取る」ことが想起できれば、機能としては充分です。このメモについてはアナログ、デジタルを気にする必要はないでしょう。それよりも、手近にあるツールでスピーディに記録することが重要です。

◉アクションメモをロディアに記入

21 「インプットメモ」の利用法

「インプットメモ」とは

2つ目のメモは「インプットメモ」です。これは外部にある情報を保存しておくためのメモになります。「外部情報のストック化」といってもいいでしょう。

たとえば、雑誌を読んでいて気になった記事を書き写しておく、というのがこのタイプのメモです。バスの時刻表を書き写す、取引先の住所と電話番号を控える、取扱説明書で必要な箇所を写しておく、毎日の株価の変動を記録する……対象はいくらでも出てきます。

これらの情報は、具体的に使うタイミングがわかっているものもあれば、とりあえず保存しておけばいつか役に立つだろうとメモするものもあります。それらをすべて保存したとすると、相当な量になります。また、細かいデータを1つひとつ手書きしていくのも時間がかかります。

これらの情報は、スキャナで取り込んだり、デジカメやスマートフォンで撮影しておけばそれほど保存に手間はかかりません。ウェブ上で見つけられる情報ならば、それをスクラップしておく手段もあります。

分厚い紙の手帳に、細かい字で書き込んでいったり、あるいはパンパンになるまで資料を挟み込む方法も1つの選択肢ですが、データをクラウド上に保存しておき、必要に応じてパソコンやスマートフォンから参照する方がメリットは多いでしょう。

「使うかもしれない」情報は保存しておく

「いつか役に立つかもしれない」と思って保存したデータは、確率は低くても役に立つことがあります。保存したそのときは、「使うかもしれないし、使わないかもしれない」ぐらいの気分だったとしても、後々「保存しておいてよかった」と思いながらそのデータを使う瞬間がくるわけです。

ちょうどそのように「保存しておいてよかった」と過去の自分に感謝したことがあります。

カフェで原稿を書いていたときでした。普段使っている無線LANの端末は、正常に通信しているときには緑色のランプが点滅しています。ふと、その端末に目をやるとランプが緑とオレンジの交互に点滅しています。これはソフトウェアアップデートのサインだということには気が付きました。何らかの手順を踏んで端末を操作すれば、内部のソフトウェアが新しいバージョンに置き換えられるわけです。しかし、その手順がまったく思い出せません。

そこでEvernoteの「保管庫」ノートブックを表示させて、端末の名前で検索をかけました。結果、その端末の取扱説明書を発見し、無事にアップデートを終えることができました。端末を購入したときに、取扱説明書をスキャンしておいたのが、そのときに役立ったわけです。

デジタルツールを積極的に活用する

「確実に使うことがわかっている情報」だけではなく、「もしかしたら使うかもしれない情報」を含めて保存していく場合、手帳では限界があります。まさか、持ち歩く製品のありとあらゆる取扱説明書を挟み込んで持ち歩くわけにもいきません。

デジタルデータであれば、このようなことを気にする必要はなくなります。ちょっとでも気になった情報はすぐに控えておき、クラウド上に保

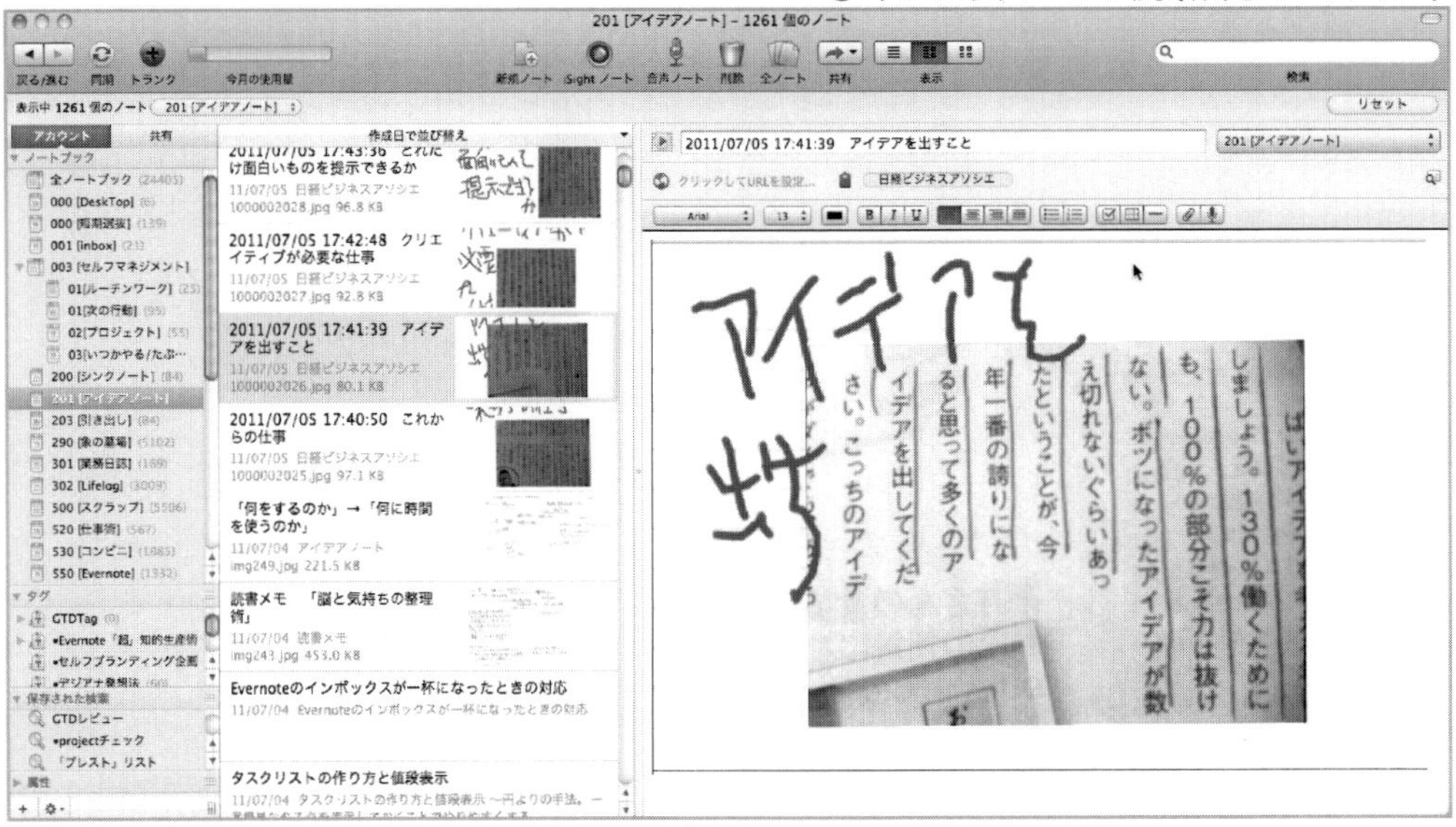

◉インプットメモの例（雑誌のスキャン）

存しておけば問題ありません。

もちろん、手書きで取ったインプットメモも、スキャンやカメラの撮影でEvernoteに保存しておけば、その他のインプットメモと同じように扱えます。

◉インプットメモの例(取扱説明書のスキャン)

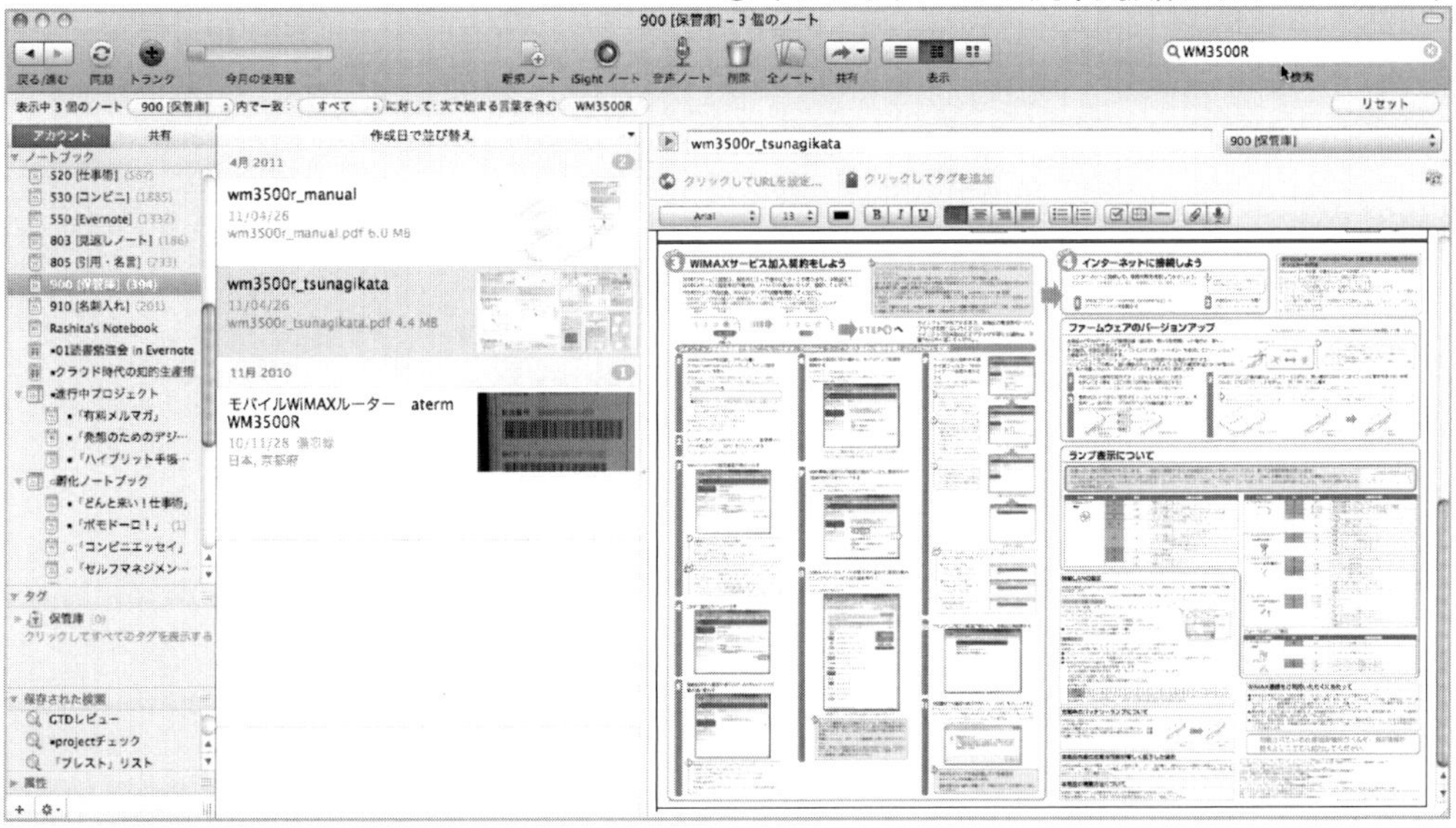

22

「アウトプットメモ」の利用法

「アウトプットメモ」とは

インプットメモが外側にある情報を保存するものだとすれば、「アウトプットメモ」は自分の頭の中にある情報を保存するものです。「着想を書き出すメモ」ともいえます。

インプットメモとアウトプットメモ、2つを比べれば、重要なのはアウトプットメモの方です。発想や企画力が問われている仕事ならば、特にその傾向が強いでしょう。こうした着想は、新しいアイデアを生み出す素材になります。1冊の本――たとえば本書でも、私が散歩しているときにふと思い付いた着想がたくさん使われています。自分なりの着想や発想は、オリジナリティの源です。他の人でも調べれば見つけられるインプットメモとは違った重要性を持ちます。

さらに、「一度失われてしまうと、二度と再会できない」という点においてもメモを残しておく重要性は高まります。人はいろいろなことを考えますが、その大半を忘れていきます。そして、「何かを考えた」という事実そのものまでも忘れていくので、自分が忘れていることに気が付きません。せっかく新しいアイデアにつながる着想であっても、それを書き留めておかなければ、こぼれ落ちる砂のように簡単に失われてしまいます。

着想とは一期一会の気持ちで付き合い、会った記念に写真を撮影するように、メモして残しておく必要があります。

メモ帳で頭の中のイメージを記録する

このタイプのメモは、アナログ式の入力が向いています。実際の入力スタイルは人によってさまざまです。多くの書籍でメモの取り方が紹介されていますが、どれが一番優れているのかを決めるのは難しいところです。

アウトプットメモは、自分の頭の中のものをメモというツールに吐き出すものです。当然、その人がどのようなものを頭の中でイメージするのかで、適切なツールは変わってきます。

着想がテキストデータとして思い浮かぶ人は、デジタル式の入力でも問題ないかもしれません。しかし、人の頭の中はそれほど直線的な形で何かを考えているわけではありません。多くの場合が、ぐちゃぐちゃとしたイメージであることが多いのではないでしょうか。それを鮮度よく保存するためには、アナログ式の手書き入力が向いています。

もちろん、他のメモと同様に入力したあとは、**Evernote**に送信します。**iPhone**で撮影すれば、特に手間のかかる作業ではありません。

　私はこのタイプのメモ用に、ミニノートをいつも持ち歩いています。移動中などに「！」と来たら、このノートを取り出して、思い付くままに書き付けます。

　普段よく使うのは、エトランジェ・ディ・コスタリカの「**re-Collection**」シリーズのポケットサイズです。このノートは２０８ページで３１５円となかなかのコストパフォーマンスです。一番新しいページにすぐにアクセスできるように、しおり紐を別に付けてあります(しおり紐は「無印良品　しおり付きシール」２１０円)。

　ちなみに、このノートと一緒に持ち歩いているペンは三菱の「**JETSTREAM**」です。このペンはさらさらと心地よく書けるので、急いでメモを残したいときにイライラすることがありません。細か

◉「re-Collection」シリーズと「JETSTREAM」

い点ですが、メモを取っているときにインクが出なくてイライラするのは避けたいところです。なるべく使いやすく、手になじむペンを使うのがよいでしょう。

このアウトプットメモは、その性質的に文章で説明してもわかりにくいので、具体例を交えてもう少し詳しく紹介してみます。

23 「アウトプットメモ」の実例

記号を使って表現の幅を広げる

手書きでメモを取れば、記号を使って表現の幅を広げることができます。

たとえば、物事を比較する場合、両向きの矢印を真ん中に入れれば、それだけで比較していることがすぐにわかります。文字のサイズを変えることで、どちらが重要なのかも明示できます。

これを「AとBを比較した場合、Bの方が重要」と文章スタイルでメモを取ることも、もちろん可能です。しかし、矢印を使った方が手早く書けるでしょう。それ以上に、頭の中に浮かんでくるイメージは、そういった文章ではなく、「Bの方が重要だ」というイメージなのではないでしょうか。どのぐらい重要なのかも、文字サイズの大きさで表現できます。こうしたメモの残し方は、キーボードで入力するスタイルではなかなか難しいでしょう。

それ以外にもさまざまな記号的表現が使えます。

下向きに矢印を引けば、含まれている要素が時系列で流れていくことを示せます。頭に丸印を付ければ箇条書きになり、２つの要素を矢印で結べば因果関係や相関関係を明示できます。関連性のある要素を丸で囲ったり、逆に関係ない話題を別枠として表現することもできます。

何かの文章を読んで、自分が考えたことを書く場合、両者を区別できるように頭に付ける記号を変えるという手法も簡単です。一番重要な言葉を丸でくくり、下線を引いておくこともできます。

こうした表現は、単に入力の速度が早いというだけではなく、あとから見返したときの理解も早くなります。この点も手書き入力で記号を使うメリットです。

◉アウトプットメモの例①

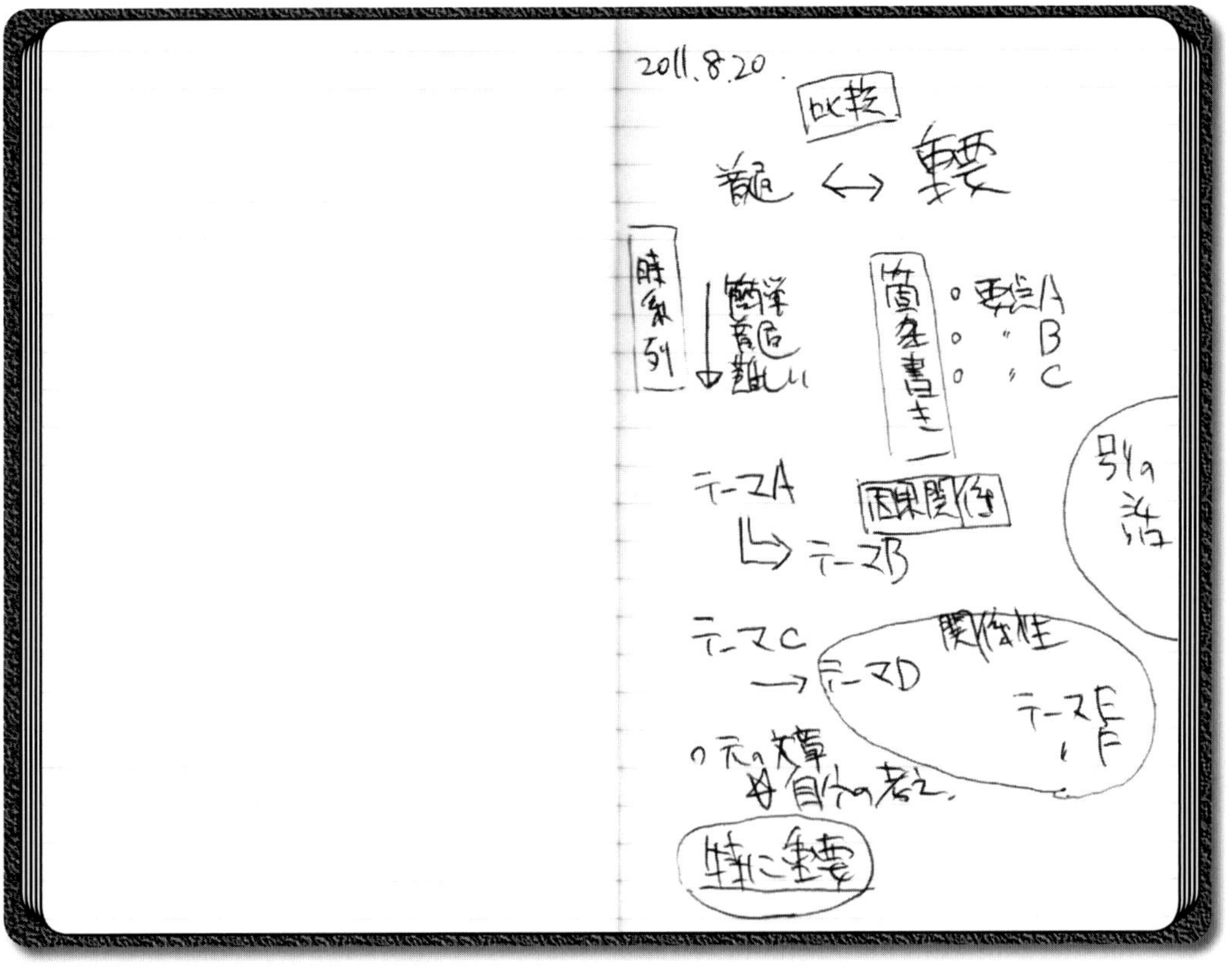

図を入れてイメージを表現

もう1つ手書き入力のメリットがあるとすれば、それはイメージ（図）が簡単に扱えるということです。

物書きという仕事においても、イメージを使うことはよくあります。本書に出てきた概念図のラフ案は当然イメージです。これを1つ1つ文章に置き換えてメモすることはほとんど不可能にすら思えます。また、プレゼンテーションのスライドのアイデアも最終的に必要なのはイメージです。

「真上にセミナーのタイトル

◉アウトプットメモの例②

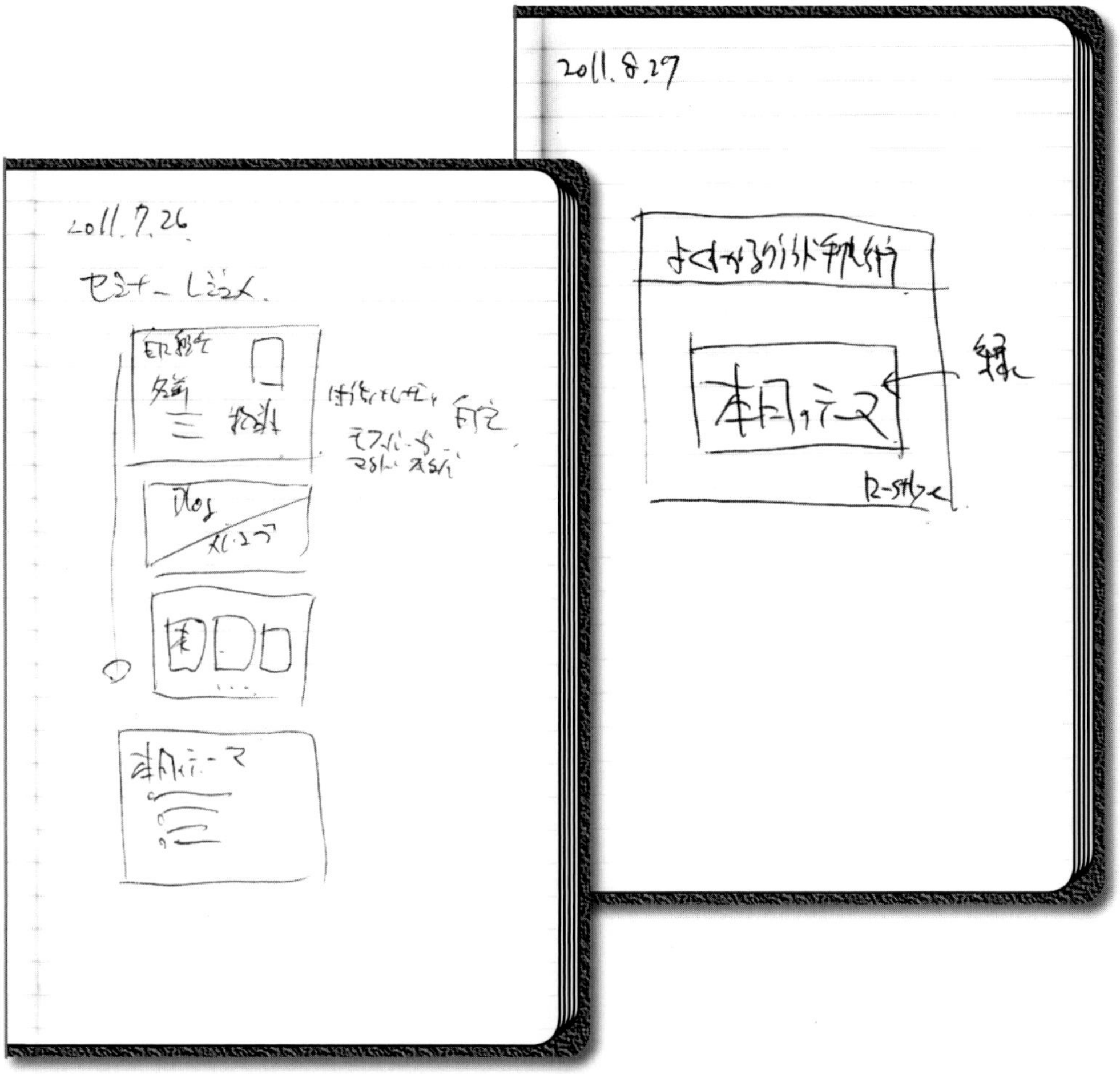

である〝よくわかるクラウド手帳術〟を中サイズのフォントで書いて、ど真ん中にその日のテーマを大きいサイズのフォントで入れる。色は緑。右下に自分のブログの名前を入れておく」とテキストでメモするよりも、右ページのようなイメージ図を書いておく方が圧倒的に早く済みます。また、実際にスライドを作成するときも、イメージ図の方が役に立つでしょう。

アウトプットメモは頭の中のスケッチ

こうしたアウトプットメモの特徴は自由にメモできることです。頭の中に思い付いたイメージがまとまりなく、ぐちゃぐちゃしたものであれば、そのままぐちゃぐちゃしたメモを取ればよいだけです。あまり綺麗にメモを取ろうとは考えない方がよいでしょう。考えていると、どんどんメモの鮮度が失われていってしまいます。

もし綺麗に書く必要があれば、あとから清書します。メモする瞬間は、できるだけ即座に思い付いたままを記録していくようにします。

また、市販のメモパッドなどには特定のメモのためにフォーマット化されているものがあります。「伝言メモ」などの決まり切った内容で、他人に伝える必要のあるメモはこうしたフォーマットやテンプレートが非常に便利です。

しかし、自分の着想を自由に書き付けるアウトプットメモの場合、決まり切った形式は自由度を下げる要因になりかねません。たとえば、メモ欄にＡ、Ｂ、Ｃ、Ｄの４つの要素があって、そこに記入していけばメモが完成するとして、それに当てはまらないものを思い付いたときはどうすればよいのでしょうか。書く場所がないから書かないとなってしまってはアウトプットメモの意義が大きく失われます。

アウトプットメモにおいて重要なのは、そういった既存の枠組みに当てはまらない要素です。それを削ってしまいかねない、定型のフォーマットをわざわざ使う必要はないでしょう。

そうしたフォーマットは考えをまとめるときや、整理するときには使えますが、アウトプットメモに関しては、白紙の紙に自

◉アウトプットメモの例③

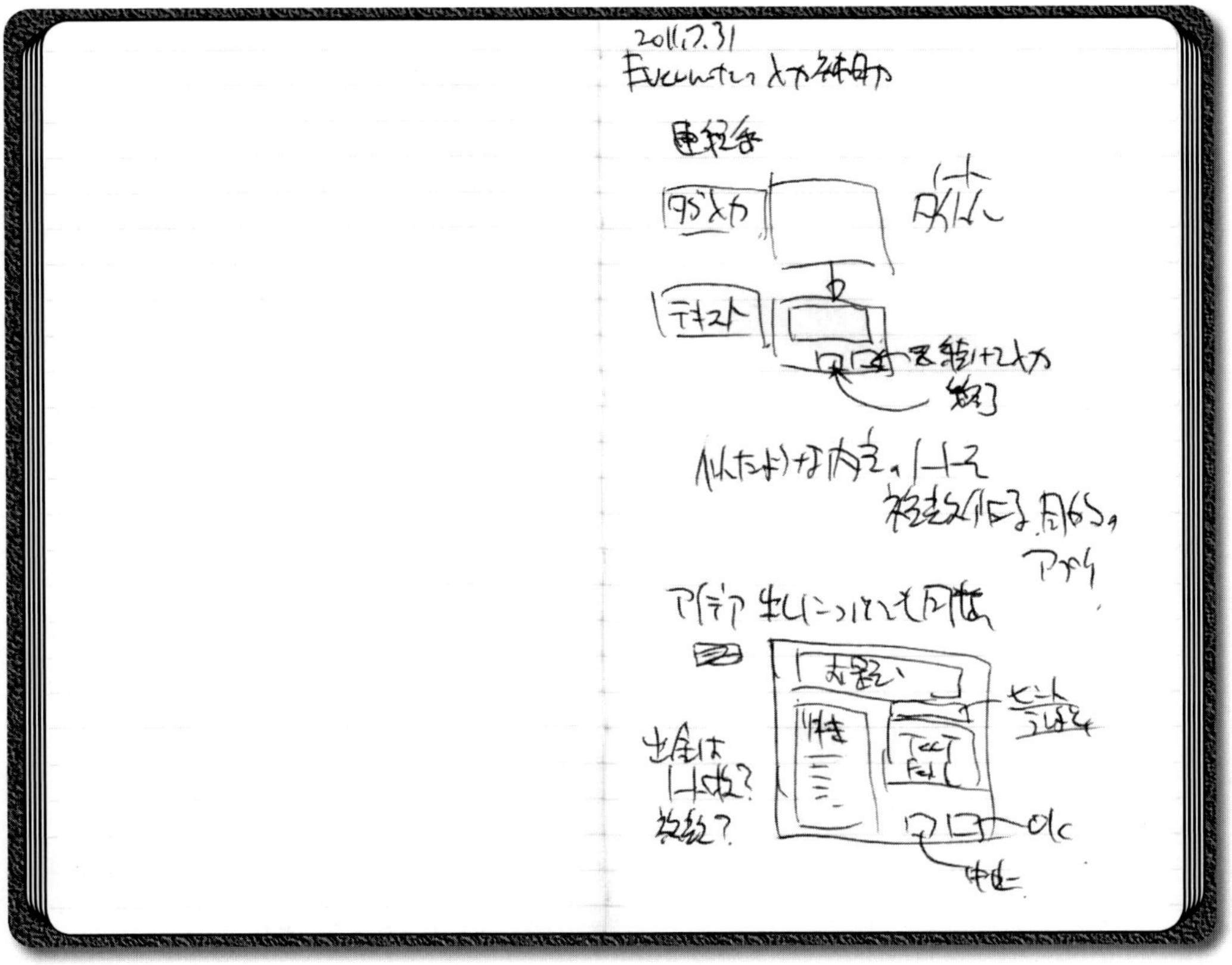

由に記入していくほうがよいでしょう。
しかしながら、実際のところ思い付いたイメージをそのまま書き記す方が難しいかもしれません。単純に比較すれば、定型のフォーマットを使ってメモを取る方が楽でしょう。

自分の頭の中に思い浮かんだものを紙に書き写す作業はスケッチに似ています。画家がスケッチの対象をじっと見つめるように、自分の頭の中に思い浮かんだイメージを注意深く観察する必要があります。自分が考えていることを、自分で見つめるわけです。この作業に慣れていないと、アウトプットメモを自由に書き残すことは難しいかもしれません。これについては、場数を踏むしかありません。思い付いたことをそ

◉アウトプットメモの例④

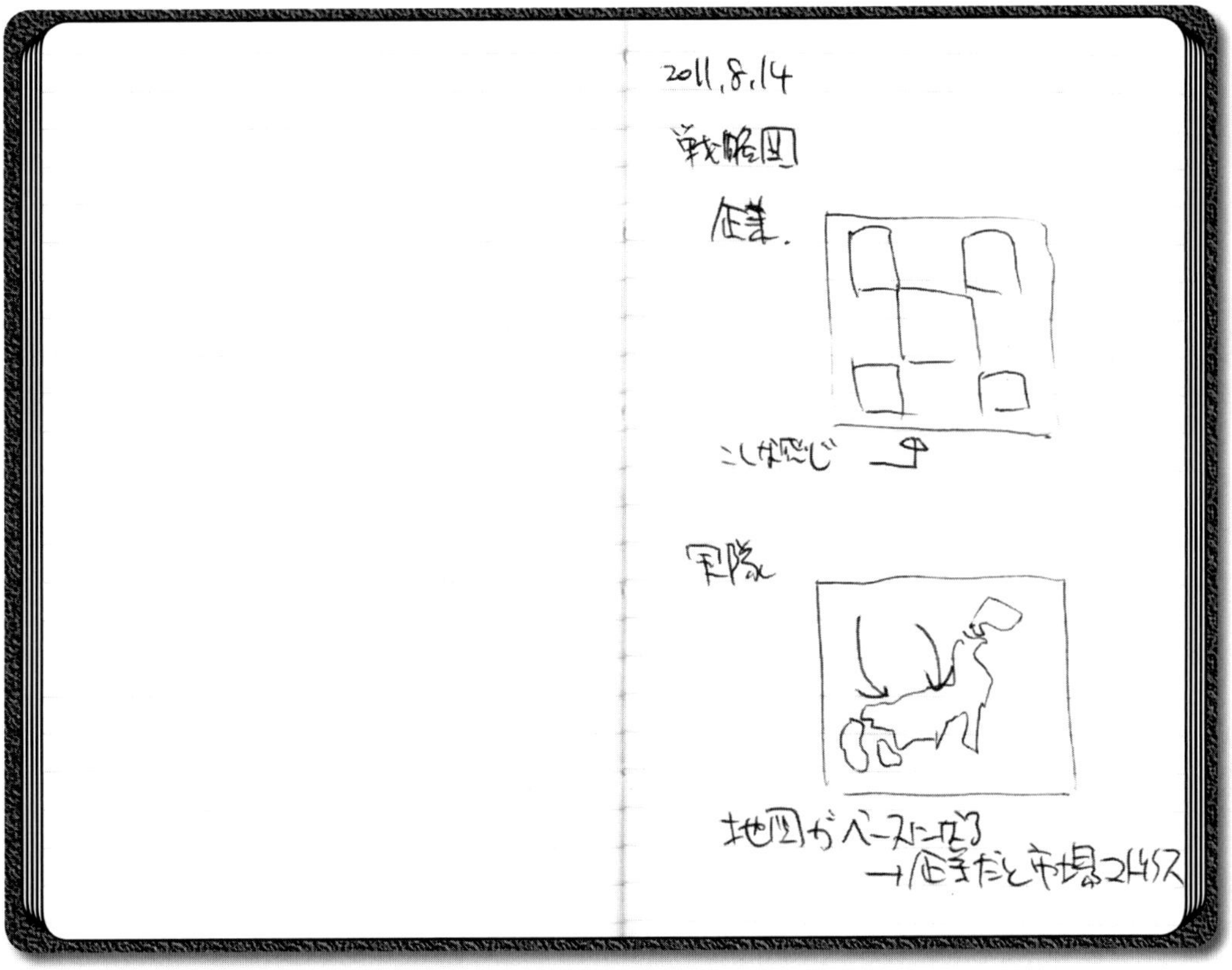

のまま書き写すようにメモを取ることを繰り返していくことです。

その他の注意点

アウトプットメモには定型のフォーマットは使わない方がよいと書きましたが、最低限押さえておきたいポイントはいくつかあります。

1つは、日付を記入すること。これはその他のメモでも同じことがいえます。日付を残しておければ、それを手がかりにそのメモにアクセスすることができるようになるので、日付を残すのは必須です。

メモを書いたあと、デジカメなどで撮影する場合は自動的に日付が付くのであまり必要性は感じられないかもしれません。しかし、メモを書いた日と撮影した日がずれることも考えられます。メモを書いたら日付も一緒に書くことは、習慣にしておく方がよいでしょう。

もう1つは「1枚1事の原則」です。1枚のメモに複数の要素を書き付けてしまうと、あとの処理がやりにくくなります。1枚の用紙には1つの内容に限定した方が使い勝手が上がります。ただし、1枚に複数の内容を書いても問題ない場合もあります。たとえば、ページの上下で別の内容を書くということです。こうした手書きメモを撮影して保存する際に、それぞれの部分だけを撮影することで、**Evernote**上では1枚1テーマの形になります。

最後の注意点は、用紙についてです。

メモやノートの用紙には罫線や方眼などの種類があります。それ以外にも特殊な罫線や無地のものもあります。自由に記入するという使い方を考えれば、なるべく方眼や無地の方がよいでしょう。しかし、罫線が付いているノートでも、それを無視して記入すれば特に問題にはなりません。

気を付けるとすれば、ノートの罫線の色やその濃さです。あまり罫線の色が濃すぎると、スキャンしたり撮影したときに、罫線が強く目立つようになります。これはあとで見返したときに少し邪魔に感じられます。あとからデジタル形式で取り込むことを考えた場合、あまり濃い線でないメモやノートを使った方がよいでしょう。

24 着想以外のアウトプットメモ

思考の内容をアウトプットメモとして蓄積する

先ほど紹介した**re-Collection**のノートは、移動中に何か閃いたとき、それを保存するために使っています。これは瞬間的な着想を捉えるものです。これはアウトプットメモの1つの形でしかありません。自分の頭の中から出てくるものは、さまざまなものがあります。

たとえば、瞬間的な思い付きではなく、じっくりと考えを進めていく「思考」という作業です。これもアウトプットメモの対象となります。

私はこの用途に「モレスキン」というノートを使っています。記入するペンも**JETSTREAM**ではなく万年筆を使い、ゆっくりと書き進めていきます。**re-Collection**とは違い、書きながら考えていく、あるいは頭の中を整理しながら記入していく使い方です。

使い始めたころは1枚1事の原則を無視して1ページに複数の事柄を書き付けていました。これはモレスキンが**re-Collection**などに比べるとやや高価で、スペースを空けて使うのがもったいないという、やや貧乏性的な発想が理由です。先ほども書きましたが、このように複数の事柄が書いてあっても、1つ1つの部分を写真で撮影すれば1枚1事の原則は守れます。

しかしながら、しばらく使っていてこのやり方では不十分だということに気がつきました。モレスキンノートを読み返していくと、追記したくなることがあるためです。

あるタイミングで進めた思考は、その瞬間で完結するものもあれば、考えきれないものもあります。考えきれなかったものでも、時間が経ってあとから見返していくうちに、新しく別の考えが浮かぶことがあります。そうしたときに、追記を書き込むスペースがないのは困りものです。

今では見開きを1つのテーマに当て、充分な余白を持ってノートを使うようにして

◉モレスキンを使い始めたころの紙面

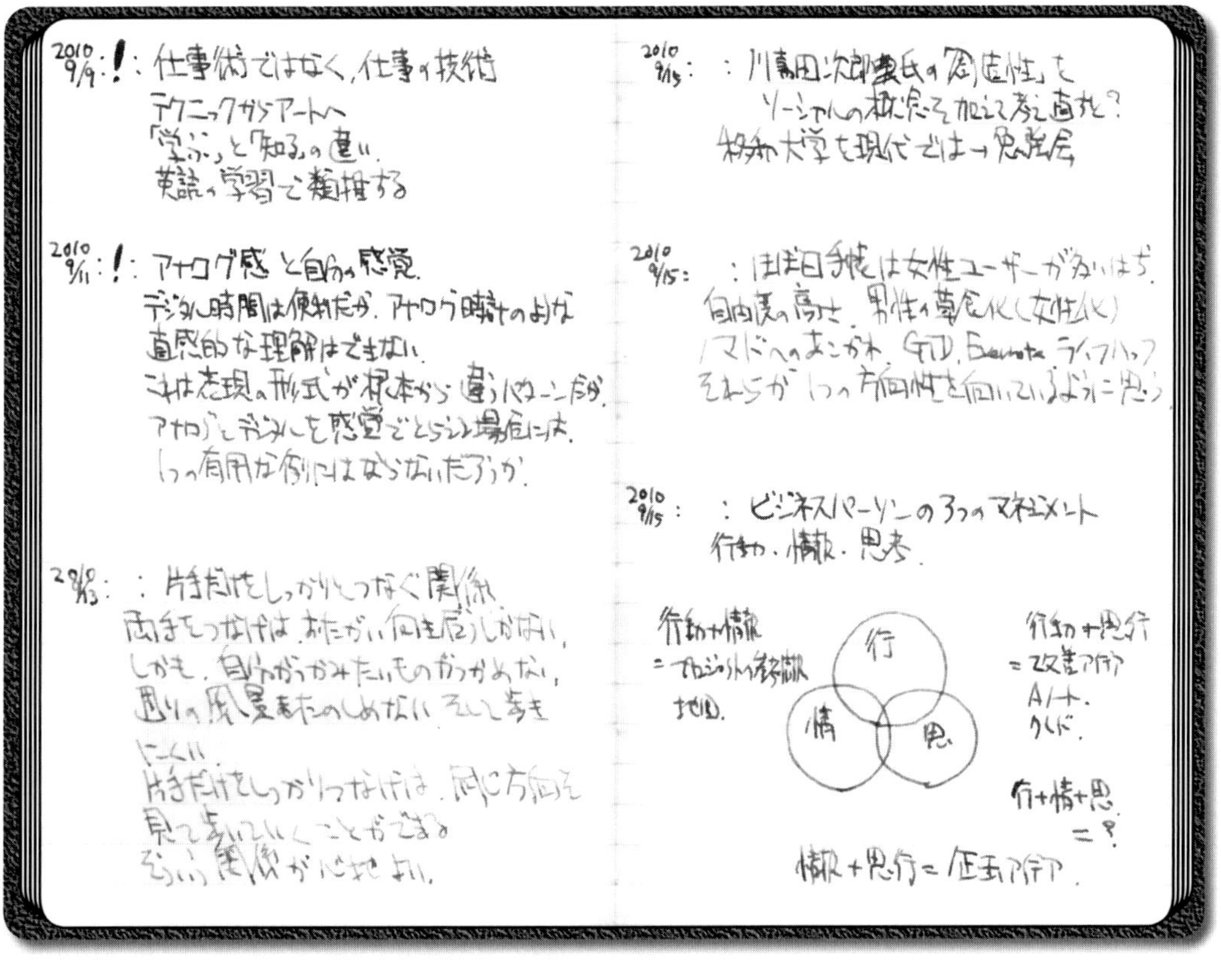

います。ある程度記入が進んで、自分の中でまとまった感覚が生まれれば、そのページを撮影してEvernoteに保存しています。

読書メモ

もう1つよくあるメモが「読書メモ」です。一口に読書メモといっても、実は2つのタイプが存在します。1つはインプットメモとしての読書メモ。こちらは、一部分を抜粋したり、本の内容をまとめたり、要点を整理したものが当てはまります。一般的にはこのタイプのメモを「読書メモ」と呼ぶことが多いかもしれません。

本全体の内容をまとめようと思えば、ミニノートの小さなスペースでは不十分です。私はB5あるいはA4サイズの無地のノート

◉現在のモレスキンのノート

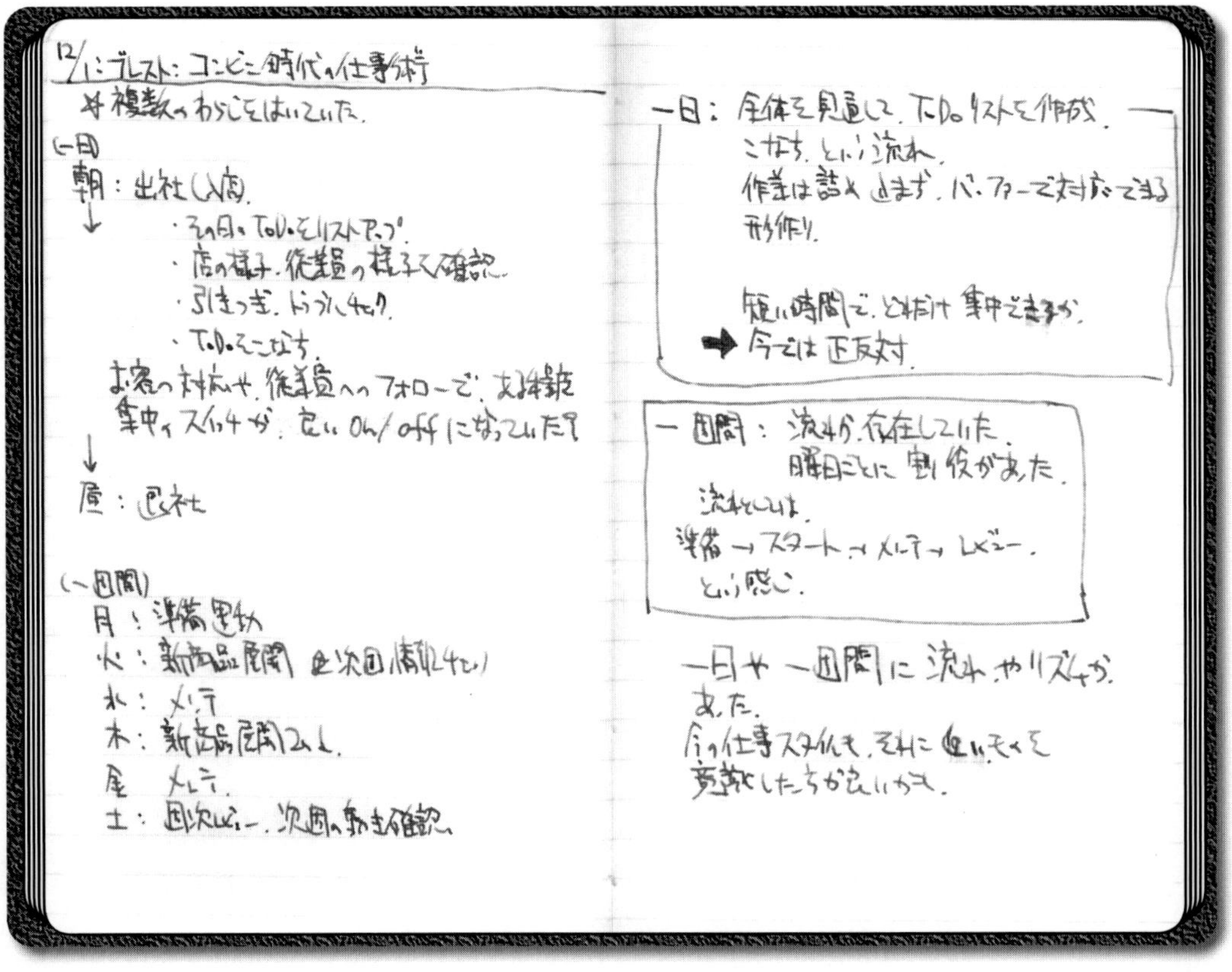

パッドを使い、こうしたまとめを行っています。本の全体ではなく、気になった一部分であれば先ほど紹介したモレスキンに要点とその関係性を書いていくこともあります。

また、気に入った表現や言葉があれば、**iPhone**でその部分を撮影して**Evernote**に保存することもあります。

もう1つがアウトプットメモとしての読書メモです。これはその本を読んで自分が考えたことを保存するためのものです。著者の主張に感じた違和感、湧いてきた疑問、思い付いた関連する事柄、自分なりの言葉での言い換え、というものをメモしていきます。

本を読みながら考えたことは、赤ペンを使って本に記入しています。即座にメモすることを考えた場合、これが最速です。対して、

◉モレスキンでの読書ノート①

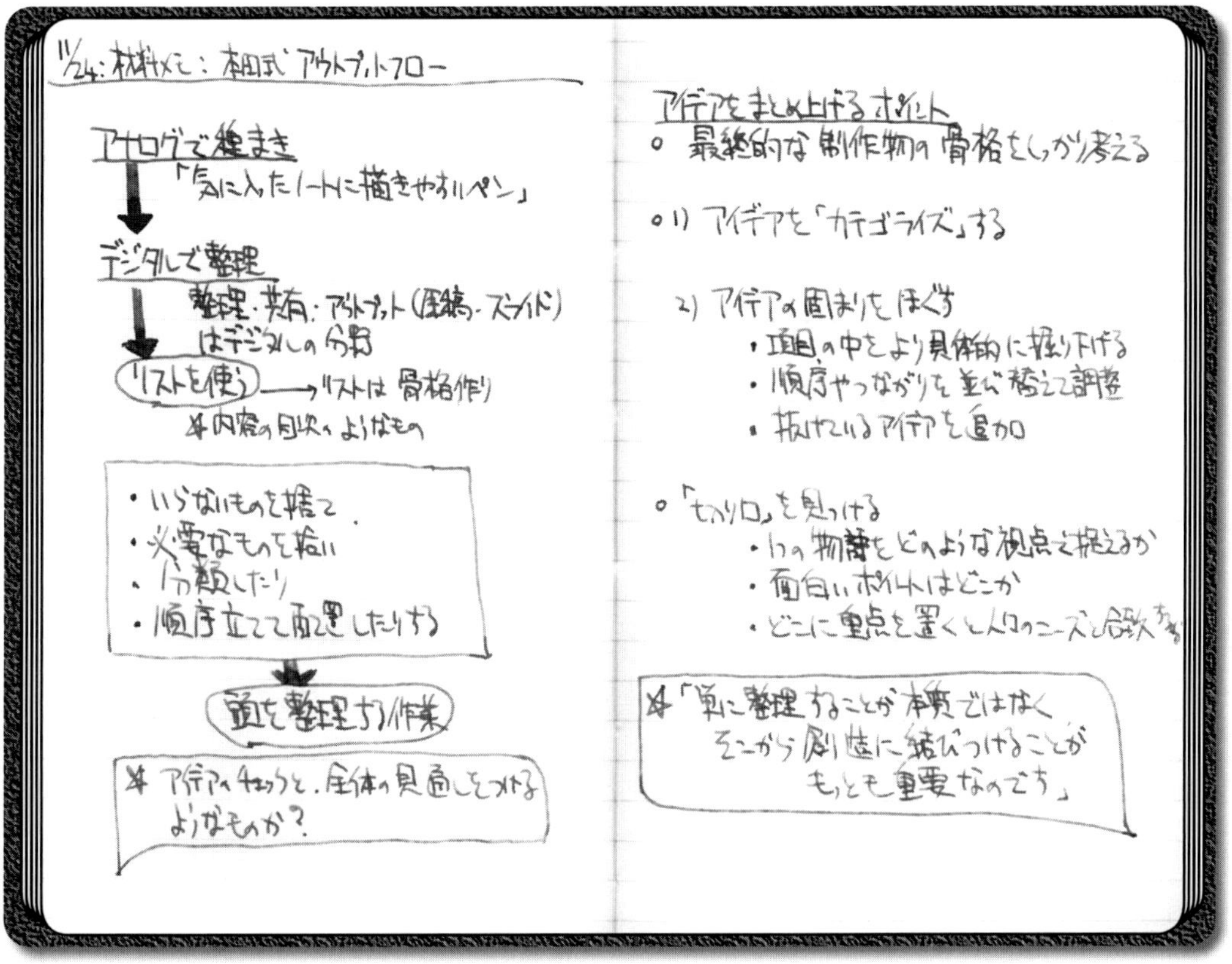

本を読み終えてからじっくりと本の内容について考えるときは、ノートを使います。

ノートの使い方は、本の内容からの引用と、それに対する自分の考えという構成となります。

以上のような読書メモは作るのに時間がかかります。特に内容をまとめたり、自分の考えを深めていくタイプのものならば、なおさらです。読み終えた本のすべてに対して、こうした読書メモを作るのは難しいかもしれません。しかし、大切な内容が書かれていると感じた本に関しては、時間を取ってメモを作ってみるのがよいでしょう。

◉モレスキンでの読書ノート②

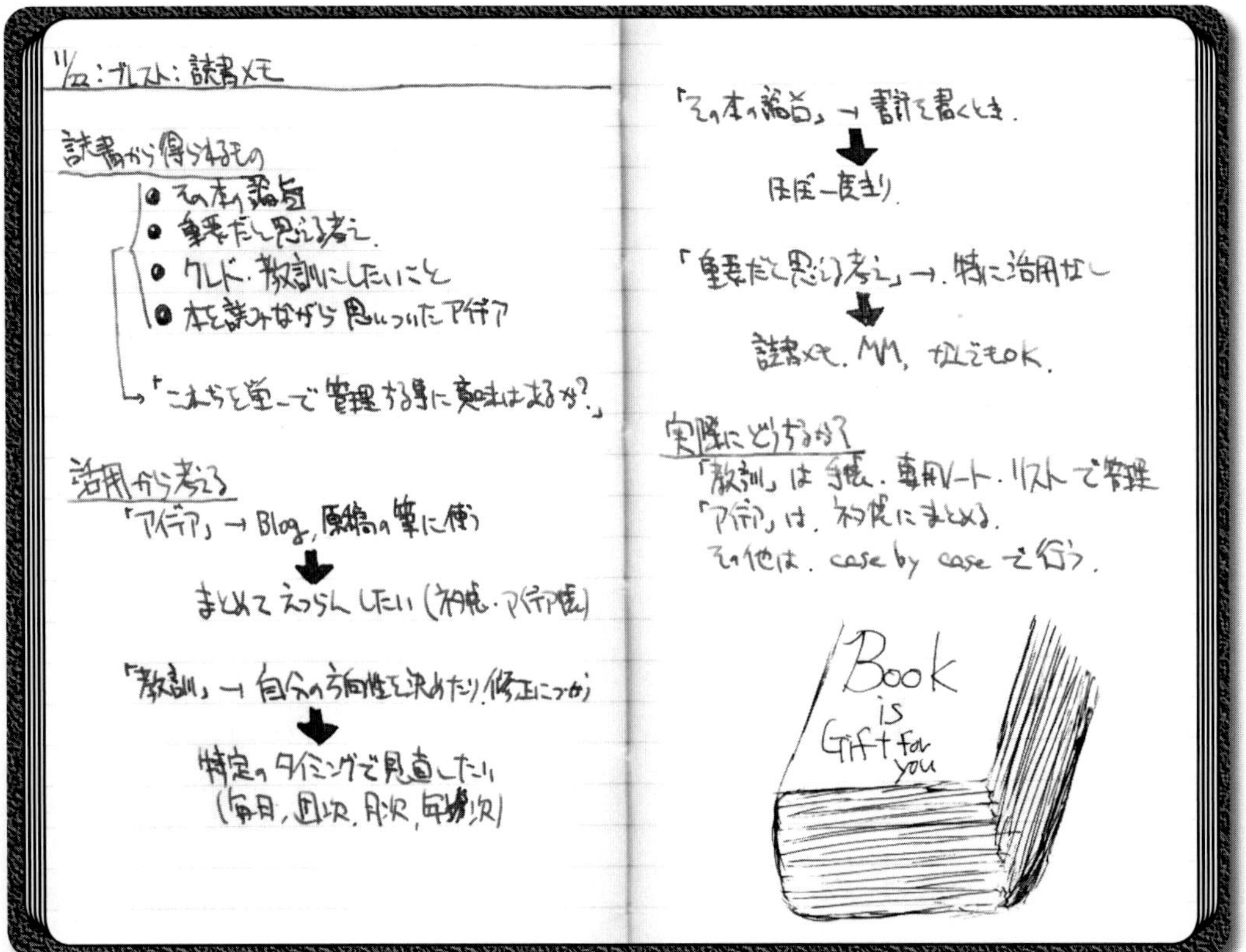

25 保存したメモの処理

メモを一元管理する

これまで紹介してきたように、メモを取るツールは複数あります。そのメモを取るのに最適なツールを使って、メモを残す、これが最初のステップです。そうして取られたメモは、さまざまな経路を辿って**Evernote**に保存されます。**iPhone**のメモアプリやカメラアプリ、スキャナ、あるいはメールなど手段はいくつもありますが、最終的な到着点は**Evernote**のノートブックです。これにウェブブラウザの情報をクリップしたデータなども入り込んできます。

こうして1つのノートブックに情報を集める工程が2つ目のステップです。といっても、特に何かを意識する必要はありません。もともと**Evernote**ではこうして集まってくるノートは特定のノートブックに入ります。このノートブックが「**inbox**」になります。

「**inbox**」とは「情報が最初に集まる場所」を意味します。まず1カ所に集めておき、それをあとでまとめて処理していくのが**inbox**を使ったシステムの運用になります。

多くのメール管理ソフトでは、受信したばかりのメールは「受信箱」フォルダに保存されます。それを1つ1つ読みながら、適切なフォルダに移動させていきます。紙の手紙であれば郵便受けがそれに当たるでしょう。

Evernoteで**inbox**システムを実現する場合でも同じ手順を踏みます。まず、あとの処理については深く考えずにメモを書きます。そして、それを**Evernote**に送信します。どのようなメモツールを使っていても、**Evernote**に送信された段階で1つのノートブック(**inbox**)に集められることになります。あとは、そのノートブックを見返しながら、メモの処理を行います。

これを実施することで、ツールを複数種類使っていても「情報を1冊でまとめる」のと同じ効果が得られます。

inboxでの処理

inboxでのメモの処理は、その種類によって変わってきます。

アクションメモは、行動につながるメモです。もし日付が関係している行動ならば、すぐにカレンダーに記入します。プロジェクトを進める上で必要な行動(タスク)ならば、プロジェクトノートに転記しておきます。私はプロジェクトノートも**Evernote**で作成しているので、そこにチェックボックス付きで追記するだけです。別のタスク管理ツールを使っている場合には、そちらのツールに入力することになるでしょう。

　プロジェクトにも属さず、いつ実行してもよいタスクならば、何らかのタグを付けます。「事務作業」「部屋の整理」「気分転換」「5分でできる」などいろいろ考えられます。そういう状況になって、自分がやろうと考えていた行動をうまく思い出せるようにしておくわけです。これを実行しておけば、細切れ時間に手持ちぶさたになることは少なくなります。

　また、いますぐは無理でも中期的には実行したいという行動ならば、「いつかやる」リストに入れておくことです。私の場合は、こういった思い付きを集めておくためのノートが**Evernote**にあります。このノー

◉「気分転換」のタグを付けたタスク

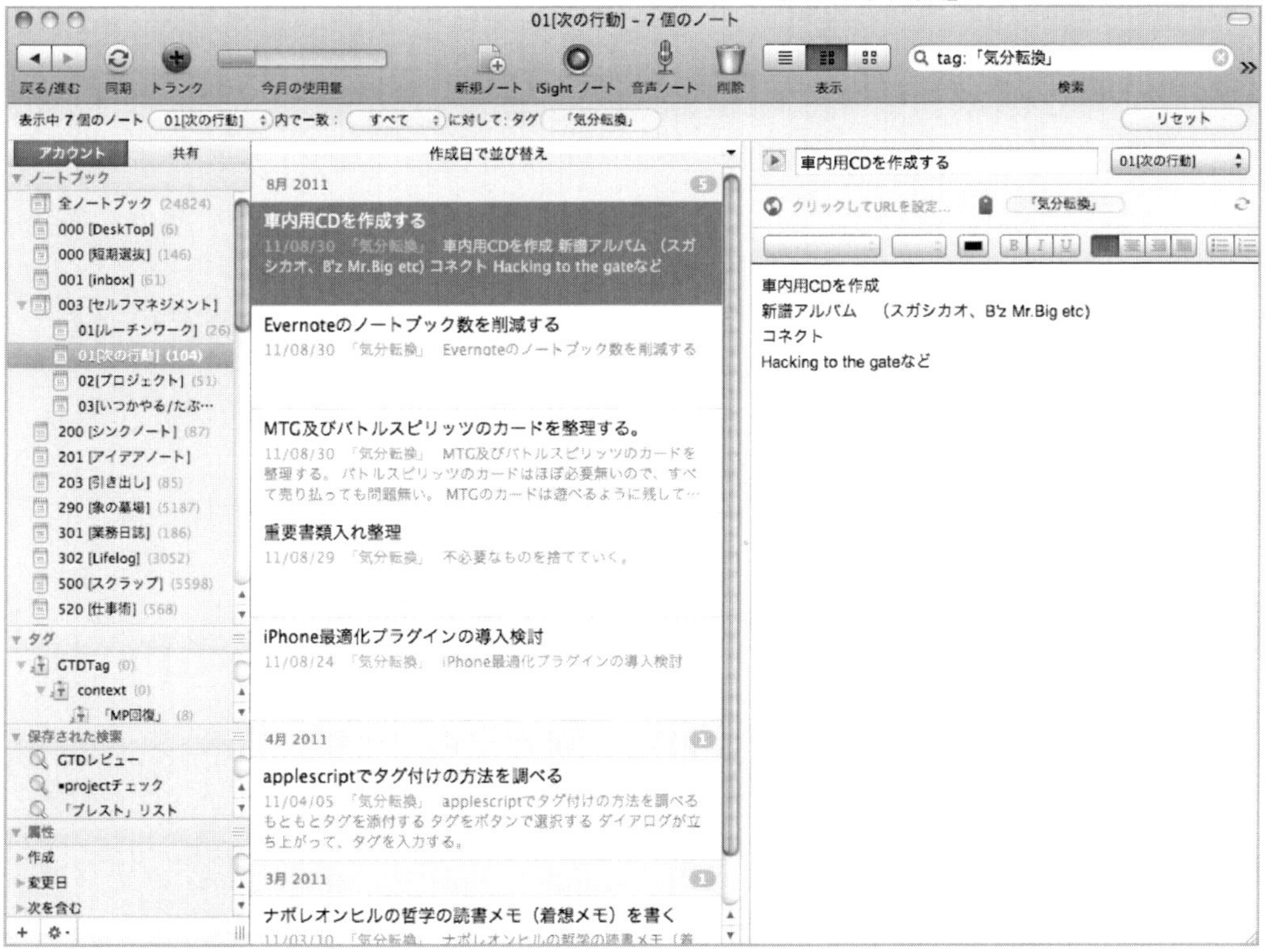

トは月1回でも見返すと、新しい行動指針が出てくることがあります。

　インプットメモに関しては、その情報がどのような状況で必要になるかを考えて処理します。先ほど紹介したように、いざというときに使う取扱説明書のようなものは、まとめてノートブックに入れておきます。これらは必要に応じて検索すれば見つけ出すことができます。

　すでに何に使うかはっきりしているインプットメモ、たとえば「来週のスピーチの際に引用する文章」などは、その作業を進めるときに見つけやすいようにしておきます。これにはタグを使ったり、専用のノートブックを使う方法があります。

●Evernoteの「inbox」

アウトプットメモは、すぐに使えるものとそうでないものがあります。すぐに使えるものは、先ほどのインプットメモと同じように、作業を進める際に見つけられるようにしておきます。

すぐに使えないものにも2種類あります。1つは特に使い道がわからないもの。ちょっと面白いことを思い付いたけれども、そのアイデアをどう使ってよいのかわからない、あるいはいますぐアウトプットに結びつくものではない、というものです。それはあとで見返すと、新しい役割を見つけられるかもしれないので、専用のノートブックを作ってまとめておくとよいでしょう。

もう1つは、考えが今一歩足りないものです。アイデアが漠然としていて、もう少しじっくり考えたい着想などもあるでしょう。それらは「もっと考える」などのタグを付けて、先ほどのノートブックと一緒に入れておけば、あとでそれらだけを抽出して見つけ出すことができます。

メモをメモのままで終わらせないためのコアクエスチョン

以上のようなメモの処理については、次の2つの問い掛けに集約できます。

●その情報は一体何か
●その情報はどう使うか

メモの内容によっては、用途が明確なものもありますが、すべてがそういうわけではありません。

たとえば、「7月19日、3時からスカイプで打ち合わせ」とメモに書かれていたとします。そのメモを見たときに自分が取るべき行動は明らかです。Googleカレンダーを開いて、その予定を入力すれば終了です。

さて、果たして本当にそれで終了でしょうか。打ち合わせの前に自分が準備することはないでしょうか。話す内容や質問されそうなことへの答えをまとめておく必要はないでしょうか。もしそうであれば、直前までにその作業をやっておく必要があります。これでタスクが1つ明らかになりました。

あるいは「8月6日、東京に出張」というメモであったらどうでしょうか。新幹線のチケットであったり、ホテルの予約、あるいは行く場所の周辺地図をチェックしておく必要が出てくるかもしれません。こうなれば1つのタスクというよりも、複数のタスクからなるプロジェクトになります。

インプットメモでもアウトプットメモでも、これは同様です。そのメモが自分にとって何を意味するのか、あるいはその情報をどう使うのかを考えて、初めて適切な処理ができます。

残念ながら、「自分にとって何を意味するのか」は他の人が教えてくれるものではありません。自分の頭で考えて、判断しなければなりません。同じように自分がどういう状況でその情報を必要とするだろうか、ということも自分でなければわかりません。

メモをメモのままで終わらせないためには、このようにメモの内容について少し突っ込んで考えることも必要です。

Column

メモ魔になるために

CHAPTER-4で紹介した『「超」手帳法』には、「メモ魔になろう」というアドバイスが出てきます。ただし、これは「言うは易く行うは難し」の典型例のようなアドバイスです。メモする習慣を持っていない人にとって、「思いついたらメモを残す」行為はかなり高いハードルです。

すでにメモ魔になっている人は「よし、メモを取ろう」とは別段考えていません。何かを思いついたら、自然にメモに手が伸びるはずです。メモする習慣を持っていない人は、「よし、メモを取ろう」と意識的に考える必要があります。しかし、何かアイデアを思いついた瞬間には、意識がそちらの方に向いているのでメモを残すという発想が浮かび上がってこない、というわけです。

その状況を変えるには、多少無理矢理でもメモを取る行為を自分自身に義務付けるしかありません。これは筋肉養成ギプスのようなものです。無理矢理でも続けていけば、身体の方がそれに慣れてきます。

そのための方法を2つ紹介しておきましょう。1つ目は「アイデアマラソン」です。アイデアマラソンは最低でも1日1個何かのアイデアを出すという一種の発想力トレーニングです。起床後、昼休み、寝る前とどんなタイミングでもよいので時間を決めて、その時間にメモ帳を開いて書き込むようにします。

2つ目の方法が、あらかじめ「考えること」を仕込んでおくことです。私の場合はチェックリスト型の付箋に、考えたいテーマを記入し、最初のページに貼り付けてあります。時間が空いたら、そのチェックリスト型の付箋を確認し、思い付くことがあればメモ帳に書き込んでいきます。

どちらも思い付いてからメモを残すのではなく、メモ帳を開けてから「思い付く」ようにする行為です。これを続けていけば、自分の中で「思い付いたことを書く場所」=「メモ帳」という認識が生まれてきます。こうなれば、日常的にメモを持ち歩かないと落ち着かなくなってくるはずです。

CHAPTER-5

「ハイブリッド手帳」によるセルフマネジメント

26

目標管理ツールとしての手帳の活用

中長期でのセルフマネジメント

これまでのCHAPTERでは、「ハイブリッド手帳」システムにおける、スケジュール、タスク、そしてメモについて紹介してきました。これらは比較的短い期間での用途になります。1日から、長くても数カ月先までの行動管理です。

手帳には、それよりも長いスパンでの行動を管理する機能もあります。たとえば「目標管理」と呼ばれるものがその1つです。中長期的な目標、あるいは自分の夢などを記入していくのが使い方になります。

この「目標管理」機能を充実させた手帳も一定の人気を集めています。この種の手帳としては、『フランクリン・プランナー』や『夢手帳☆熊谷式』が有名です。最近では『**Date your dream**システム手帳』『人生戦略手帳』といった手帳も発売されています。

手帳評論家の舘神龍彦氏は『手帳進化論―あなただけの「最強の一冊」の選び方・作り方』（PHP研究所）の中で、これらのいわゆる「夢手帳」について、次のように分析しています。

目標管理ツールとしての手帳の使い方

自分マインドマップ

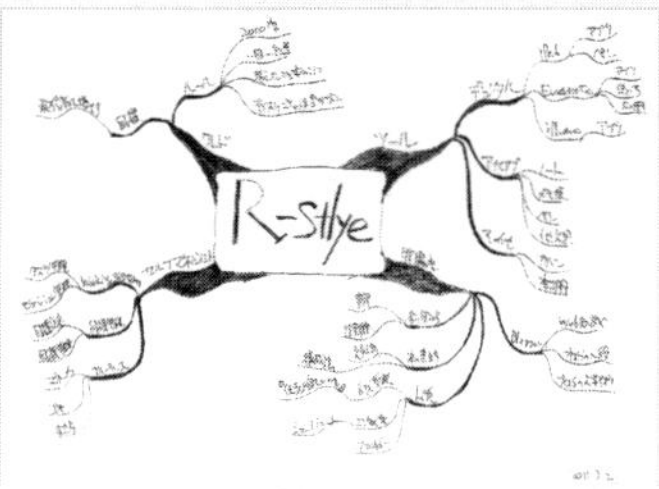

「やりたいこと」をマインドマップ化して頭の棚卸しを行う

「立ち止まり」ノート

抱えた問題や悩みに対する思考を整理して行動指針や目標を再確認する

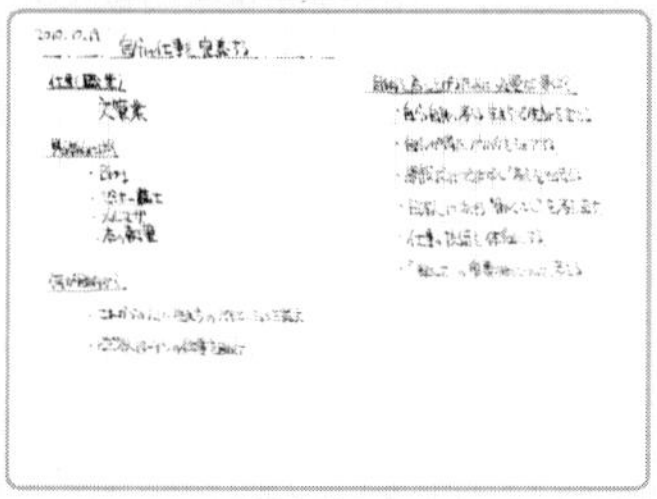

プロジェクトセーブポイント

プロジェクトの開始時に決めた原点を記述しておき、プロジェクト中の「ズレ」が起きないようにする

章番号	章題
第一章	ハイブリッド手帳システムを構築する

章のテーマ
・手帳を新しく捉え直す
・システム思考について
・デジタルとアナログのハイブリッドについて
・自分の使っているツールとこれまでの遍歴について

コンセプト
・手帳環境による混乱
・そもそもの手帳の機能の再確認
・デジタル・アナログのそれぞれのメリット

段取り
○紙の手帳を拡張する
○システム思考を取り入れる

クレド

読書中に気付いた自分の価値感に合った言葉などを、見やすいところにまとめる

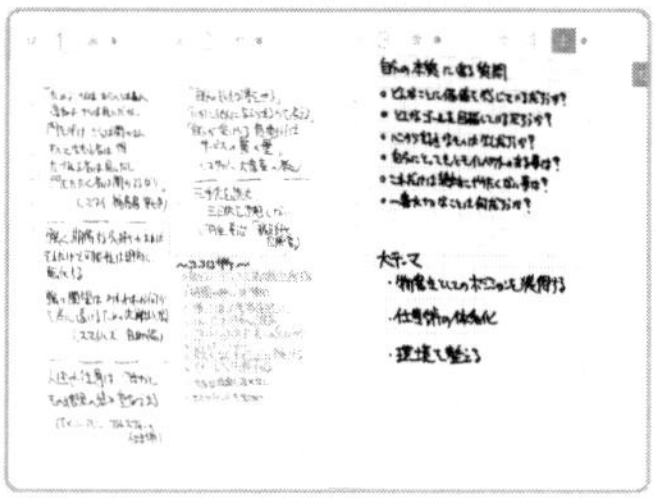

ライフログメモ

1日の行動記録から、思考したことやノートなどを1日1ページに記述して後の「振り返り」のために使用する

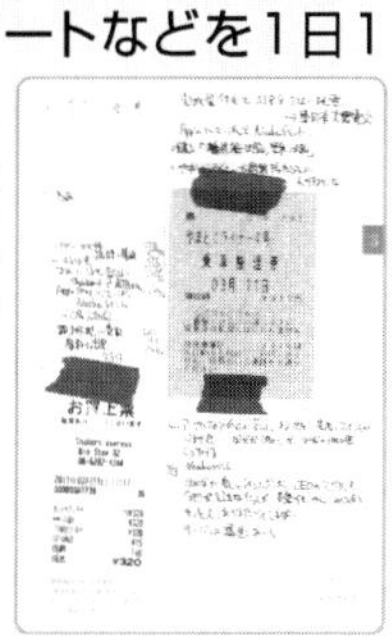

目標管理

中・長期的な自分の夢の実現

自分の人生について、仕事もそれ以外のこともきちんと自分で考え、展望を持つ必要性が明確になってきた。夢手帳はそういう人々の要求に応える道具として出てきているのだ。

不況による雇用情勢の悪化やリストラ、市場の変化による企業の短命化などは、誰にとっても他人事とはいえません。人生の先行きについてまったく心配しなくてよい人は非常に限られた存在になってきています。「一度レールに乗ってしまえば、定年まで安定した生活が送れる」、こんな話は今や夢物語の響きさえあります。

こうした環境においては、自分の一生を会社に任せておくことはできません。仕事のキャリアについても、あるいは仕事以外の活動についても、自分自身で考えていく必要があります。「古き良き日本社会」に戻れないとするならば、長期的なセルフマネジメント、あるいはライフマネジメントと呼べるものへのニーズはより高まっていくでしょう。

手帳をセルフマネジメントのツールとして捉えれば、中長期的な行動管理も当然その範疇に入ります。むしろ、今後は手帳のそういった機能がより注目されるようになるでしょう。

私自身も、手帳システムの中に中長期的なセルフマネジメントの要素を入れています。しかしそれは、一般的な「大目標」や「人生戦略」とは違った形のシステムです。

トップダウン方式の目標管理の限界

「大きな目標を立て、それに必要な中目標を立て、さらに小さい目標にし、そこから具体的な行動を見定めて、それに向けて邁進する」

手帳の使い方や、人生戦略における目標の立て方で、こういった話をよく聞きます。トップダウン、あるいはブレイクダウン方式と呼ばれている方法論です。このような話をよく聞くということは、実際にその方法論で目標を達成している人がいるわけで、効果的な方法ではあるのでしょう。

ただ、その方法論が汎用性の高いものであるかは少し考える必要がありそうです。

第1に、達成したい大きな目標や夢が特にない人もいます。10年後こうなりたい、というイメージが思い浮かばなければ、この方法論は使えません。だからといって、無理矢理に目標を立てればよいというものでもありません。

第2に、立てた大きな目標が本当に自分のやりたいことかどうかが不明瞭です。人間は、かなり状況に感情を左右されます。ビジネス書を読み終えたとき、あるいは明治維新のドラマを見たときなどは、大きくモチベーションが上がりやすいものです。「これをやりたい」という目標も思い浮かぶでしょう。しかし、本当にそれを大きな目標にしてもよいのでしょうか。それは放置しておけば1週間ぐらいで熱が冷めてしまうものかもしれません。トータルで見れば、1年間でみると365分の7しかモチベーションが続かないもののために、10年計画を立てて実行していくのは不毛のように感じます。

第3に、計画の不完全性があります。1週間のプランニング、あるいは1日の計画を立てている人ならば経験があるはずですが、計画はだいたいにおいて思うようにはいきません。1993年ごろ日本で流行した「マーフィーの法則」は、すでに拡大解釈されすぎて、ほとんどユーモアの対象にしかなっていませんが、もともとの基本的な条文は重要な教訓を含んでいます。

- 何ごとも、ちょっと見よりは難しいのが常である
- 何ごとも、はじめに予想したより時間がかかるものである
- 何ごとも、失敗の可能性のあるものは、失敗が起こると覚悟しておくこと

一方で、これらの条文は逆のこともいえます。思ったより簡単に終わったり、短い時間で終わることもあります。ほとんど成功の可能性のないものが成功することもあります。

結局のところ、これらの教訓から導き出せる新しい教訓は、「何ごとも、思った通りにはいかない」ということです。1日や1週間のレベルですら計画通りにいかないのですから、1年

や10年ではどうなるでしょうか。

カオス理論にはバタフライ効果と呼ばれるものがあります。「北京で蝶が羽ばたくと、ニューヨークで嵐が起こる」というのは一種の比喩ですが、ほんのわずかな差が、長期的には大きな結果の違いを生み出すのは人生でも同様です。こう考えると、10年も先の計画など、ほとんど当てずっぽう以外の何ものでもないことがわかります。

以上のことを踏まえると、「将来の大きな目標を立てて、それを細分化し、行動する」という方法論を単純に実行すると行き詰まる可能性が見えてきます。

27 目標管理の本質的な意味

目標が持つ力、そしてその意味

では、計画や目標を立てることが無意味かというと、そうではありません。大きな目標には確かに力があります。昔からビジョンが起こしてきた「奇跡」の話はよく語られています。

1961年5月25日、アメリカ合衆国の第35代大統領ジョン・F・ケネディは上下両院合同本会議で次のように宣言しました。

「人を月面に降ろした後、地球まで安全に連れ戻すという目標を今後10年で達成するべく、全力で努力すべきだと私は考えています。これほど人類に感動を与える宇宙計画はありません」

その当時、宇宙開発の技術に関してアメリカは大きくソビエト連邦に先行されており、「常識的」に考えればこの目標は無謀と評価されても仕方がないものでした。しかし、結果はその「常識」を覆すものでした。その8年後の1969年7月20日に、アポロ11号のアームストロング船長が月面に足跡を残し、地球に帰還しています。

ケネディ大統領の大いなる目標設定がなければ、このような偉業は達成されていなかったでしょう。

このようにリーダーシップを持つ人が大きなビジョンを示し、そこから多くの人を巻き込み、考えられないような結果を引き起こす事態を無視することはできません。ビジョンには人を動かす力があります。それは、人々の心を鼓舞し、モチベーションを上げ、困難な事態にもめげない精神力を与えてくれます。

自分がどこへ向かうかがはっきりしていれば、「では、どうすればよいのか」という具体的な行動も考えやすくなります。こうした点を考えると、ビジョンが持つ力はぜひとも活用したいところです。

つまり、「目標やビジョンが持つ力は活用するけれど、それに縛られすぎない」というスタンスが望ましいわけです。そのためには、定期的に目標やビジョンを見返す必要があります。掲げた目標が本当に自分にとって大切なものかを問いかけ直すという作業です。

たとえば、ドラッカーは毎年夏になると2週間ほど時間を作り、その1年間を反省していたようです(『プロフェッショナルの条件――いかに成果をあげ、成長するか』ダイヤモンド社)。

そして、コンサルティング、執筆、授業のそれぞれについて、次の1年間の優先順位を決める。もちろん、毎年8月に作る計画通りに1年を過ごせたことは一度もない。だがこの計画によって、私はいつも失敗し、今後も失敗するであろうが、とにかくヴェルディのいった完全を求めて努力するという決心に沿って、生きざるをえなくなっている。

目標を立てて終わりにするのではなく、それらを見返し、その結果を踏まえてまた新しい目標を立てていくわけです。その目標は、かなりの確率で達成されませんが、それでもまったく問題はありません。目標それ自体に意味があるのではなく、それに沿って計画を立てたり、見返す行為の中に意味が含まれているからです。

目標とは自分が前進するためのツールにすぎない

目標はツールでしかありません。セルフマネジメントのツールです。何のためのツールかといえば、自分を前に進めていくためのツールです。目標があった方が、より良く、より多く、より早く、行動できるから目標を立てるわけです。

しかし、時としてその関係がおかしくなるときがあります。ツールであるはずの目標が自分の上に存在して、それを達成できないとダメだと思い込む状況です。ツールを使っていたはずが、いつのまにかツールに使われているわけです。

もともと、自分を前に進めるためのツールでしかないのに、目標が達成できなかったからといって、自己嫌悪に陥るのは、おかしな状況です。

心理学や行動経済学の視点から見ても、そのような自己嫌悪は生産的な活動や、前向きな考えを阻害します。自分はダメなヤツだと思い込むと、どんどんそういった考えが意識を支配し、行動にも影響を与えます。

前に進むために使っていたツールのせいで、停滞したり、あるいは逆戻りしてしまうこともあります。これでは本末転倒です。

たとえば、英単語を覚えるという目標を持ったとします。1日10語、1カ月で300語覚える計画です。しかし、先述した通り、計画が思い通りにいくことの方が稀です。結果的に150語しか覚えられなかったとしましょう。こういったときに「やっぱり自分はダメなヤツだな～」と思い込むのは、目標の使い方を誤っているのです。もしも何一つ計画を立てなければ、きっと1つも英単語を覚えることはできなかったでしょう。計画を立てたことで、とりあえず150語を覚えることができたわけですから、これは1つの成果といえます。この結果を踏まえて、また来月の目標を立てればよいのです。

「遠すぎる目標」は立てない

私の目標とのつきあい方は、次のような感じです。

まず、あまり遠すぎる目標は立てません。今日という日から遠ざかるほど、目標は大雑把なものにしています。10年先の具体的なイメージはほとんど何も持っていません。先の方はぼんやり捉える感触です。

目標と具体的な行動について考えるのは3年より短いスパンです。3年先についても、「こういうことがやりたい」というレベルで、はっきりとした目標ではありません。

具体的になるのは、1年、あるいは1カ月という単位です。毎年、年を越してからその1年を振り返り、次の1年の計画を立てます。ドラッカーと同じように、計画通りにいった年などありませんが、計画を立てたおかげで進んだものごとはたくさんあります。

1カ月単位での目標管理も同様です。月初に先月の目標を振り返り、その月の目標を設定します。目標はいろいろなものが考えられます。収入を増やす、マネジメントを学ぶ、本を早めに書き進める、ブログのアクセス数を上げるなどの目標を設定し、そこから「じゃあ、どうすればいいのか」と考え、具体的な行動を明確にしていきます。

この定期的に目標を見返すというプロセスが、目標との付き合い方では重要です。

これをはじめたばかりの頃は、目標を設定しすぎていました。あれもやりたい、これもやりたいと考えていると目標ばかりが増えていくわけです。しかし、1カ月を振り返ってみると実際にできていることは非常に限られています。英単語の例に戻れば、「1カ月で3000語を覚える」と設定していたようなものです。

もし、ケネディが1年で月面旅行を成功させると宣言していたら、きっと誰も相手にしなかったでしょう。非常に難しいかもしれないが、「なんとかできるかもしれない」と考えられるレベルでなければ、目標の力は発揮されません。

もし、目標を見返さずに、毎月どう考えても無理な目標を設定し続けていたら、自己嫌悪に陥るか、目標を設定することを放棄してしまったことでしょう。

「目標」を形に残す

こういう事態に陥らないためにも、目標は定期的に見返すことです。

トップダウンからはじめ(目標の設定)、ボトムアップで戻ってきて(実績の確認)、そこから再びトップダウンを行う(目標の再設定)。このプロセスを繰り返していくのが、私の目標との付き合い方です。

こうした作業を行うためには、目標を形として残しておく必要があります。そのために使っているツールを引き続き紹介していきます。

また、こうした目標は自分を「前」に進めるためのツールだと書きました。ときには、自分にとっての「前」がどちらかなのかを知る必要があります。

それを確認するには「後ろ」を見ることです。自分が今まで辿ってきた道を振り返れば、これからどういう方向に進むべきなのかが見えてきます。こうした役割を担うのが日々の記録を残すライフログメモです。これについても紹介します。

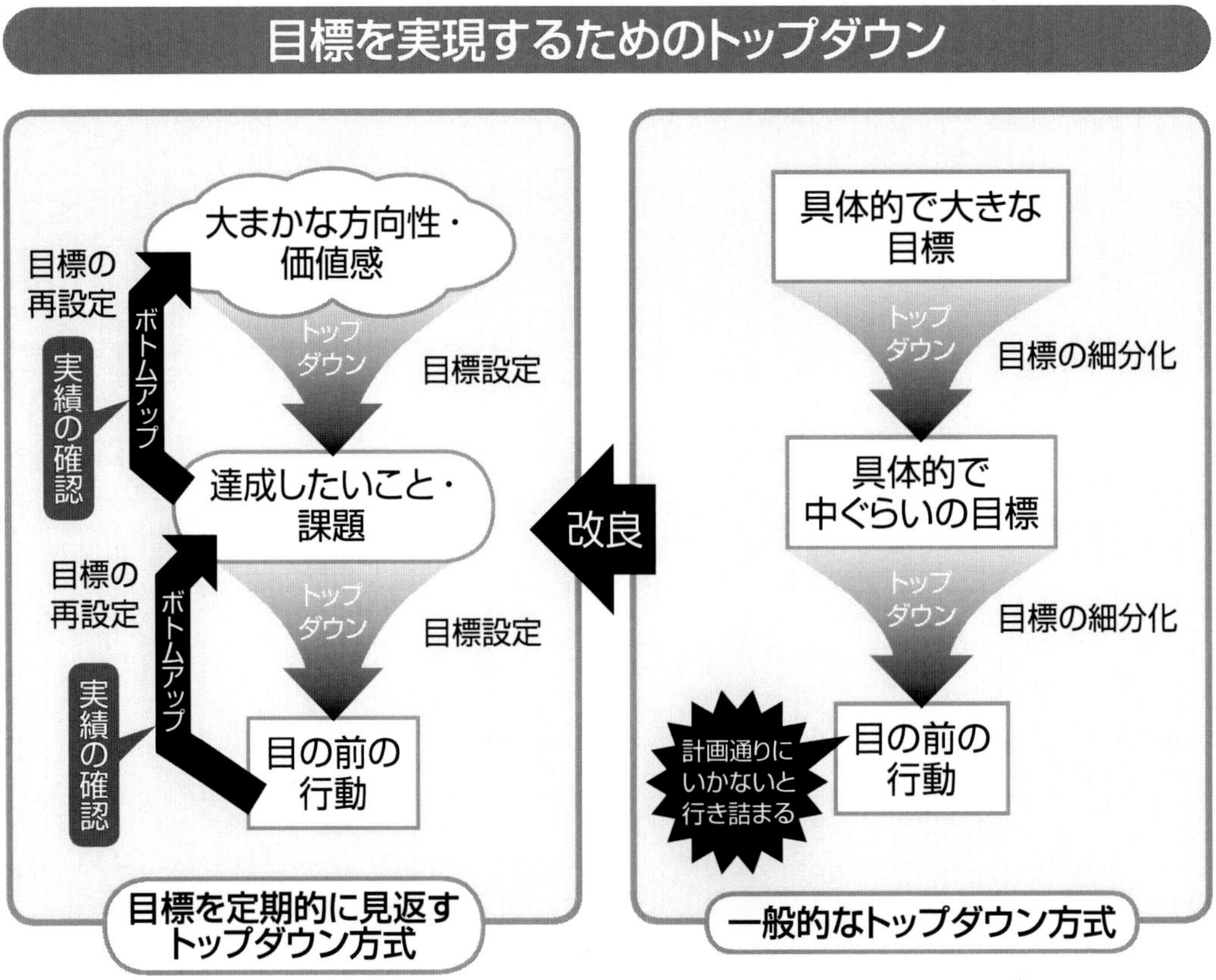

28 「やりたいこと」を描き出す「自分マインドマップ」

「やりたいこと」をマインドマップに書き出す

1つ目が「自分マインドマップ」です。これはデジタルツールで作成することもできますし、カラーペンと紙を使って描くこともできます。これは、マインドマップ形式で大きなくくりでの「これからやりたいこと」を描き出していくものです。

中心に自分の名前(本来はイラストがよい)を描いて、そこから自分の興味・関心あるテーマを枝(ノード)として伸ばしていきます。それぞれのテーマについて、さらに思いつくことがあれば、木の枝のようにノードを広げていきます。

中心から広がるノードはその時々でまちまちですが、「仕事について」「家庭・プライベートについて」「自分の置かれている環境について」などが多く出てきます。このとき、実現できるかどうかや、優先順位などは気にかけません。些細な事柄から重要な問題まで、思い浮かんだことはすべて描いていきます。

もし1つのテーマについて掘り下げたいのならば、それについて別のマップを書くこともあります。私の場合は、これからどういう本を書いていきたいのか、ブログをどのような方針で進めていくのかなどを思うままに描いていきます。

マインドマップは「頭の棚卸し」

一度描き出してみるとわかりますが、これをやると随分とすっきりした気持ちになります。頭の中にもやもやと溜め込んでいたものが、うまく吐き出せたような感覚です。頭の棚卸しといえるかもしれません。

とても単純なことですが、こうして紙の上に「保存」しておけば、頭の中に溜め込んでおくだけの状況とは大きな変化が生まれます。「これからやりたいこと」を頭の中に溜め込んでしまうと、何から手を付けてよいかがわからなくなったり、逆に「あれもやらなきゃ、これもやらなきゃ」という焦りが出てきてしまいがちです。

紙に書き出して、それを俯瞰することで、「とりあえずここから手を付けよう」と選択できるようになります。いわば自分の先行きに関する地図を作成するようなものです。どういう経路を辿るかはわからないけれども、通りたい「チェックポイント」は明らかにしておく。そういった効果があります。これは本書で何度も登場している「見通し」を得るためのものともいえます。

◉「自分マインドマップ」の例

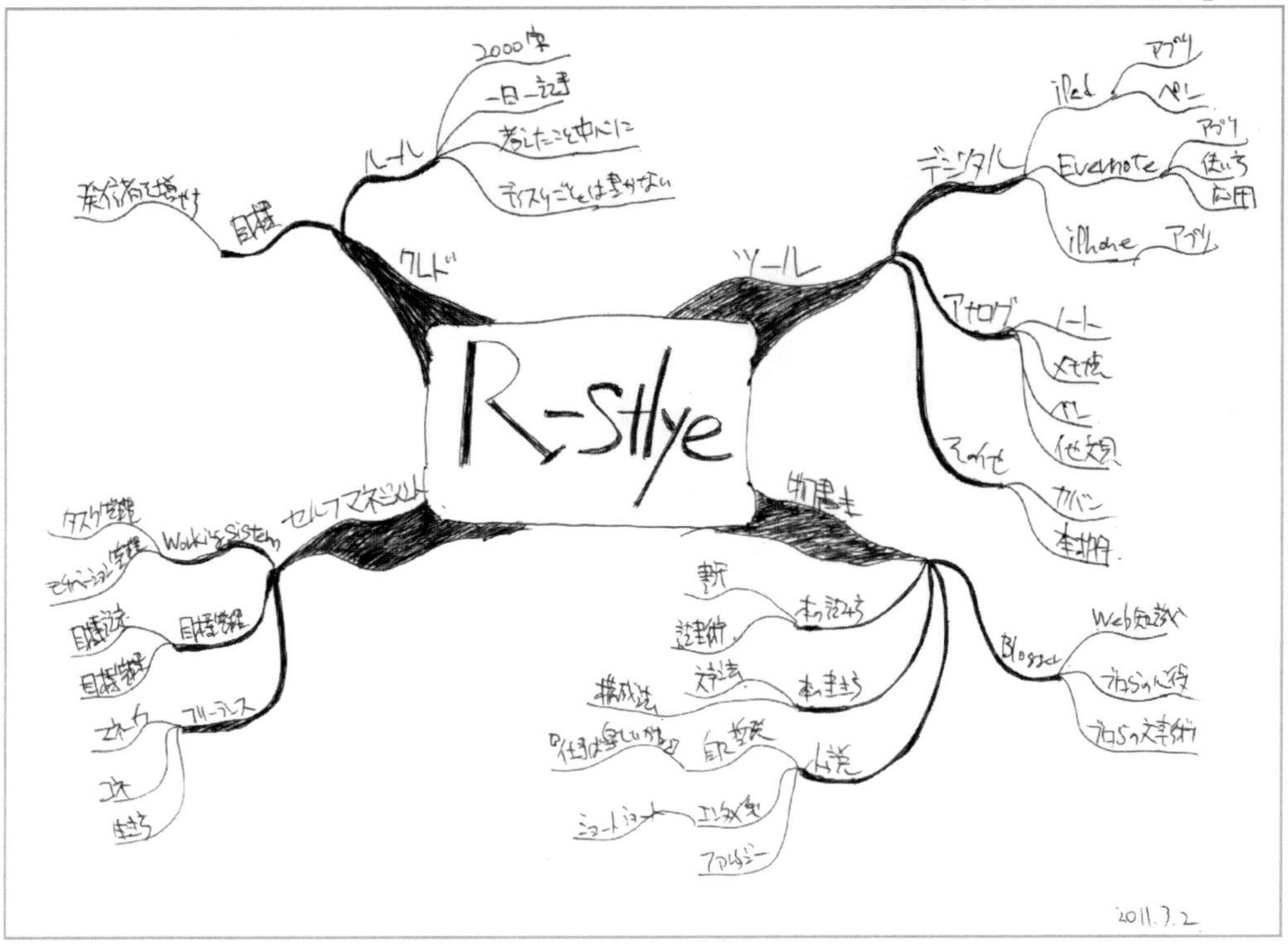

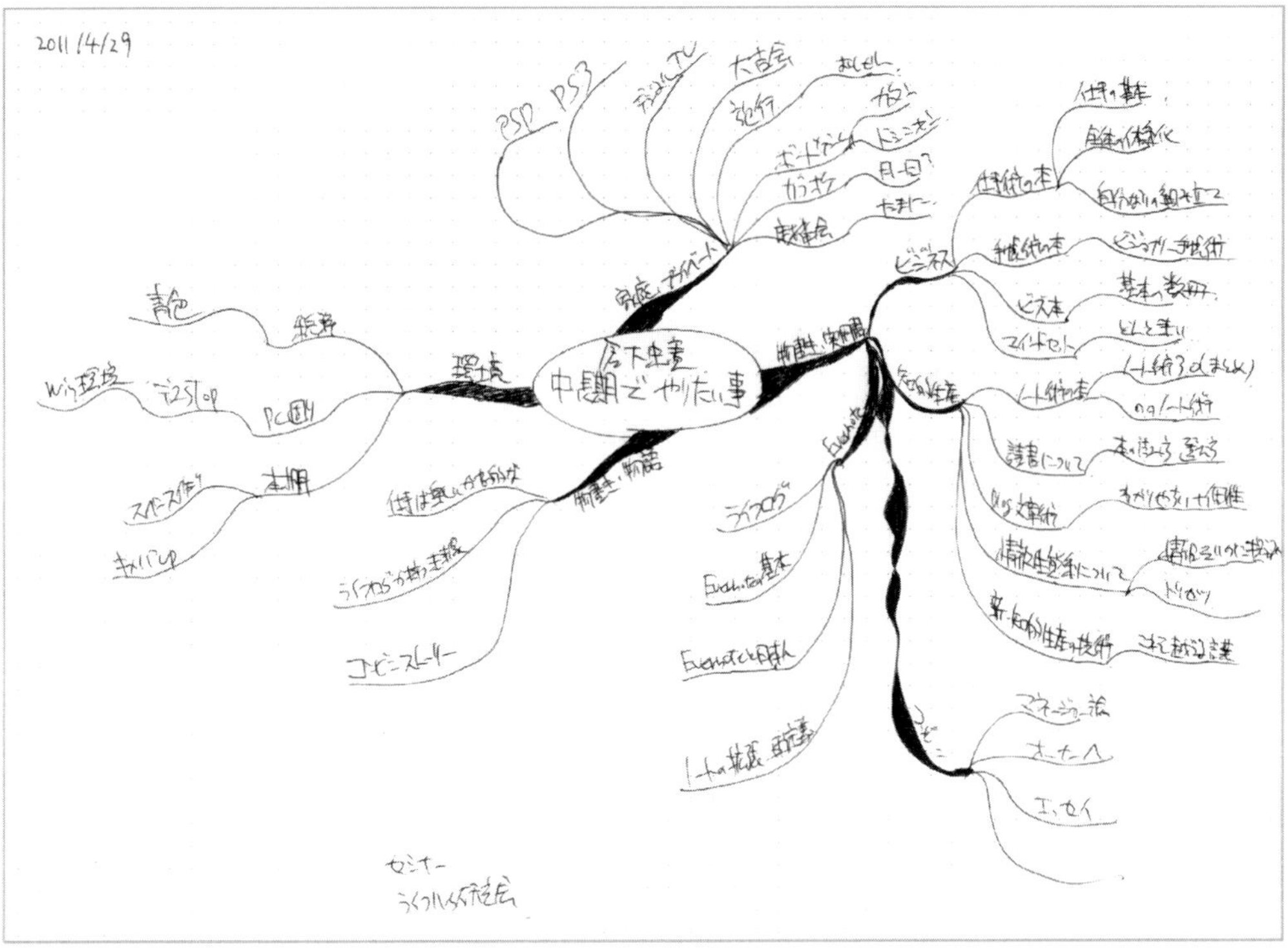

「自分マインドマップ」は1カ月に1度は見直す

描き出したものは保存しておき、1カ月に一度ぐらいの頻度で見返します。もし達成できたものがあれば、チェックマークを書き加えてもよいでしょう。何か追記するものが思い浮かべば、それを描き足すこともできます。

見返しをする中で、「今月はこれをやろう」と思いを新たにするものがあれば、その月の計画の中に組み込みます。地図を確認しながら、少しずつ前に進んでいく感覚です。

また、半年や1年に一度ぐらいは、まったくゼロから描き直してみるのをお勧めします。こうしてゼロベースで描き直した際に、消えてしまうものがあるとすれば、それは自分にとってあまり大切なものではなかったのかもしれません。逆に何度描いても出てきてしまうものは、自分にとって大きな意味を持っているといえるかもしれません。こうして時間を重ねることで、自分の内側にある価値観を探ることもできます。

見返してチェックマークや追記することを考慮して、描き出したマップはスキャンして**Evernote**に保存しつつ、元の紙もクリアファイルで保存してあります。これは、ゼロベースで新しいものを描き出すまでの置き場所です。新しいものを描いたら、古い物は捨ててしまっても問題ないでしょう。データは**Evernote**上に残っているので、過去のマップを振り返りたくなったときでも、すぐにアクセスできます。

スキャニング前提の用紙はドットタイプが便利

私はA4サイズのノートパッドをこのマインドマップによく使っています。用紙は無地タイプかロディアの**DotPad**タイプのどちらかです。

DotPadは等間隔にドットが印刷された用紙で、方眼用紙のように使えます。方眼用紙との差が出てくるのはスキャン時です。実線が引かれていないので、スキャンして保存したときにドットがあまり目立ちません。

スキャンして保存することを前提とした場合、用紙のこのような差は見た目の印象を大きく変えてしまいます。**CHAPTER-4**でも触れましたが、デジタルツールとの連携を前提としてアナログツールを使う場合はこういった点も考慮に入れた方がよいでしょう。

◉DotPadのスキャニング

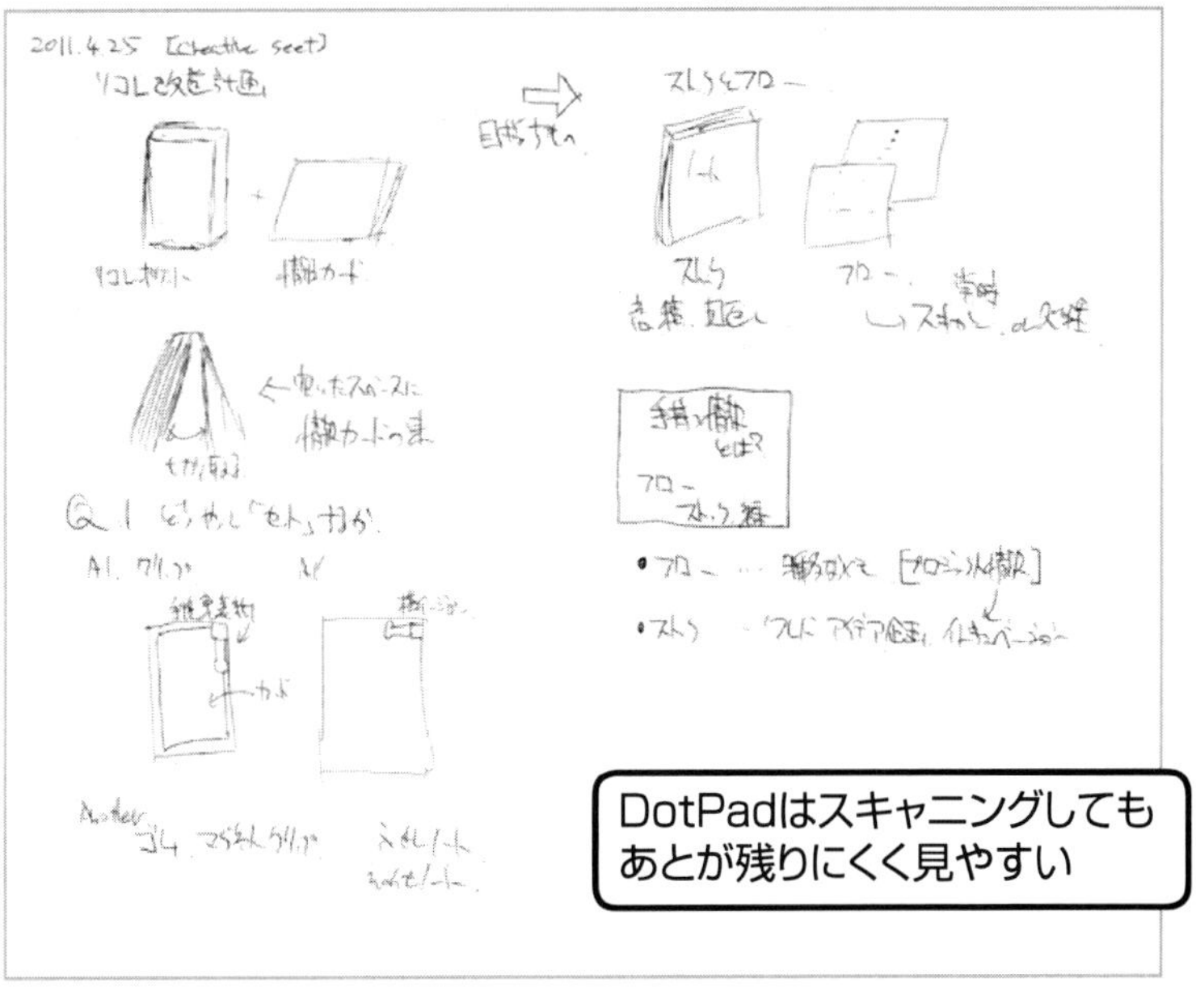
2011.4.25
DotPadはスキャニングしても
あとが残りにくく見やすい

29 悩みを整理する「立ち止まりノート」

問題や課題を抱えたときに使うノート

自分マインドマップは「やりたいこと」を描き出すものですが、問題や課題について考えるツールもあります。それが「立ち止まりノート」です。これは何か悩みを抱えたときに使っています。記入するペースは平均すると1カ月に一度ぐらいです。

たとえば、文筆業に仕事を変えてから数カ月経ったときに、「自分の仕事って一体何なんだろうな」と悩んだことがあります。誰かから「これをやってください」と指示されるわけでもなく、「これが物書きの仕事だ！」というマニュアルもありません。1冊目の本を書いているときは、そのことに必死だったので、自分の仕事について深く考えることはありませんでした。しかし、一段落してみると漠然とした不安が湧いてます。

そうした不安感に苛《さいな》まれていると、がむしゃらに目の前の作業をこなしたくなります。そうすることで、その不安からは目をそらすことができるからです。しかし、長期的に見てそれがよい結果をもたらすとは限りません。

これは、売り上げの悪くなった企業が、何も考えずに安売りをはじめてしまうのに似ています。得てしてそういう施策はうまくいきません。一時的に売り上げは維持できても、企業ブランドのイメージを下げたり、顧客の気持ちが離れてしまったりと広い視野でみればマイナスの結果を引き起こしてしまうことがあります。

「急がば回れ」ではありませんが、焦りや不安を感じたときほど、足を止めてその問題と正面から向き合った方が、本当に取るべき行動が明らかになります。

先ほどの例では、自分の仕事は一体何なのか、何を目的としているのか、その目的を達成するためにはどのような行動が必要なのかをノートに書き出しました。他に

◉「立ち止まりノート」の例

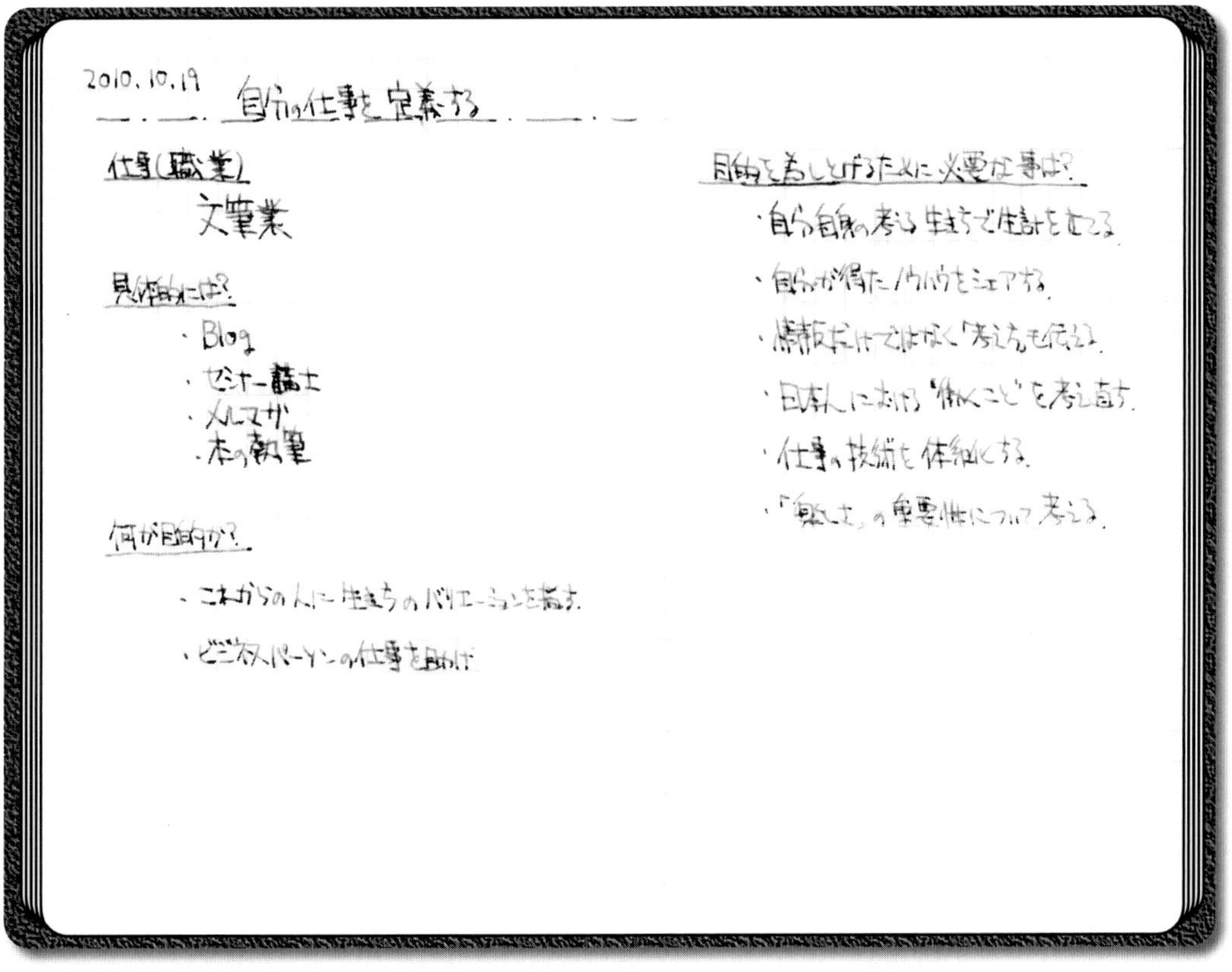

も「収入を安定させるためにはどうすればよいか」について考えたこともあります。

　出てきた答えは、自分の行動指針としての「自分が得たノウハウをシェアしていく」であったり、具体的な行動目標としての「ブログのアクセス数を2倍にする」であったりとさまざまです。一応自分なりの答えが出れば、それを月の行動目標に加えていきます。

　こうして出した答えも、あくまで「一時的」なものでしかありません。言い換えれば、情報が限定された中で出した答えです。実行してみても、思った結果が得られないこともあるでしょう。次はそれを考慮に入れて、新しい答えを考えればよいだけです。きっと1年も経てば、同じ問題に対

◉「立ち止まりノート」の例

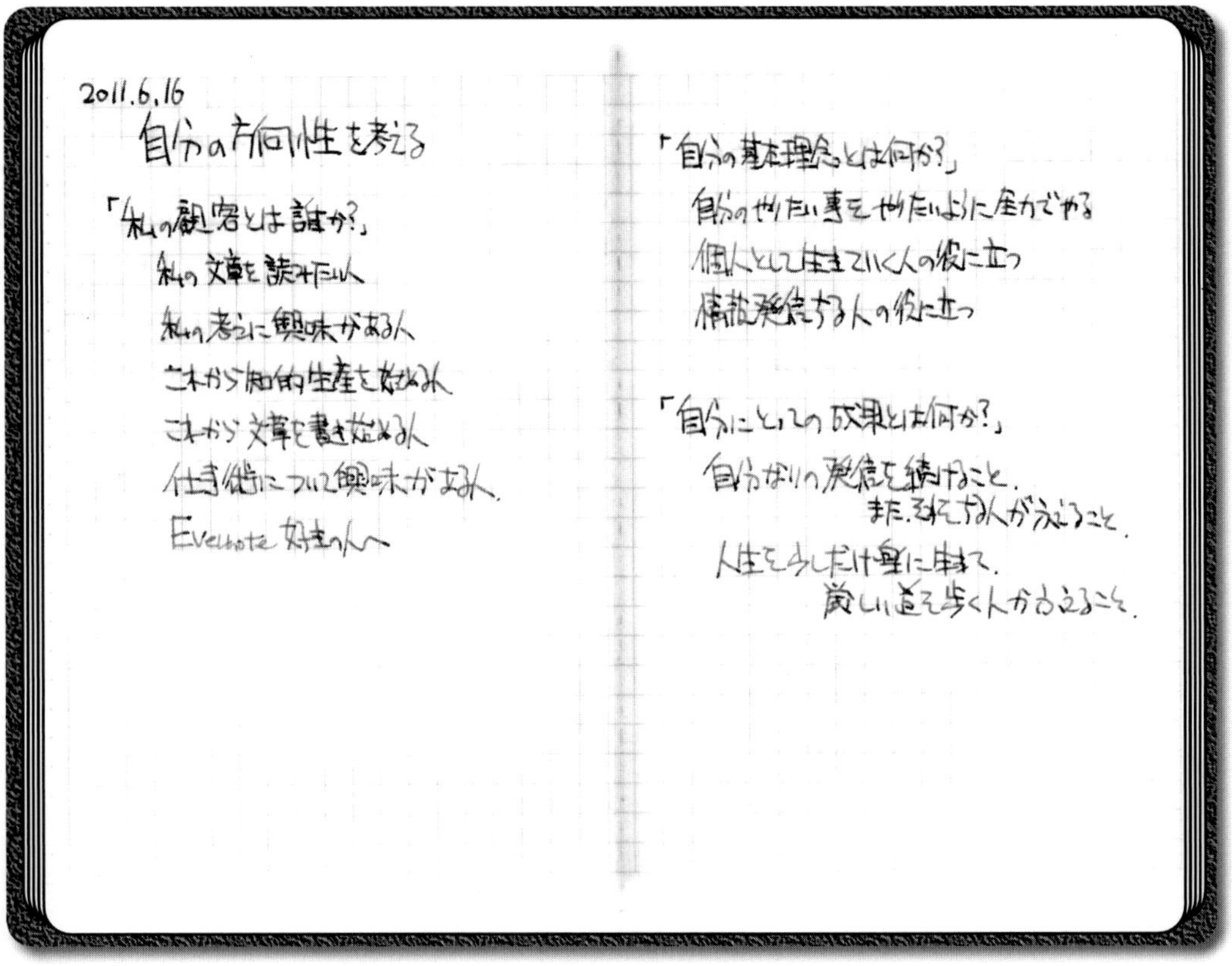

しても違った答えが出てくるでしょう。

実際に、自分のこのノートを見返すと、「自分の仕事は何か・どんな本を書けばよいのか」について何度も考えています。1冊のノートに書き付けておくと、こうした状況が俯瞰できるのがメリットです。時間が経てば、同じ問題でもその捉え方が徐々に変化しているのがわかります。つまり、自分が変化していることがわかるわけです。

「立ち止まりノート」による悩みの定点観測

悩んだときに立ち止まり、それについて考えたことを書き残しておくことで、それが足跡になっていきます。もしこうした記録がなければ、自分はいつでも同じことで悩んで、何1つ変わっていないと思い込んでしまうかもしれませ

◉「立ち止まりノート」に使用しているコクヨの文庫本ノート

ん。しかし、実際のところ、少しずつでも変化はしています。ただ、それを定点観測していないとはっきりとはわからないだけです。

「立ち止まりノート」のツール

このためのノートは、現在コクヨの文庫本ノートを使っています。その名の通り文庫本サイズで、5ミリ方眼、70枚のノートで、しおり紐が1つ付いています。これについてはあまりこだわりはありません。ただ、比較的長期間使うことが想定されるので、しっかりした作りのノートであるのがベストです。このノートを使い切ったら、モレスキンに代えるかもしれません。

30

企画についての目標を管理する「プロジェクトセーブポイント」

企画についての目標を記録する

「プロジェクトセーブポイント」は、企画についての目標を記録するものです。特に数カ月を必要とする企画の場合は、かならず最初のうちにそれを進める目的や目指す目標を書き記します。

畑村洋太郎氏の著書『組織を強くする技術の伝え方』(講談社)では、「裏図面」というものが紹介されています。ものづくりの現場では、設計者の考えは設計図を通してその他の人に伝えられます。どんな部品が必要なのか、それをどのように組み立てればよいのかを、他の人達は設計図から読み取るわけです。これが「表図面」です。

「表図面」は現場で作業を進めるには非常に役立ちますが、若手の設計者が設計を学ぶには情報が不足していると同書は述べています。設計者が設計の過程の中で何を考え、何をイメージしていたのかは「表図面」だけでは見て取れないからです。

そこで登場するのが「裏図面」です。少し長くなりますが、その部分を引用します。

設計者が作る裏図面は、定式化された表現方法に基づいて記したものではなく、それぞれの人が自己流で作るメモ書きのようなものです。ですから人にみせることは想定していないのですが、本質的には非常に重要なものです。

つまり、設計者の頭の中に浮かんだ事柄が図やコメントとして書き込まれているのが裏図面の特徴です。その中には、ある場面でこう考えてこう決めたという決定理由、あるいはこれだけは伝えなければならないこと、こんな風に迷ったという過程、そしてその結果はどうだったかという省察などが記されているものもあります。

この「裏図面」の考え方は、技術の伝達だけではなく、自分自身の作業においても非常に役立ちます。

長期間にわたって作業を続けていると、「そもそもなぜこれをやろうと思ったのか」が曖昧になり、ほとんど惰性だけでその作業を続けてしまいかねません。そこに新しい情報が入り込んでくると、どんどん軸がぶれていきます。これは本を書いているときに痛感します。書き進めていくと、どんどんと書きたいことが増えてきて、全体像がよくわからなくなってきます。そういったときでも、「そもそもこの本はどんな読者を対象にして、どういう内容を伝えたいのか」を想起することができれば、軌道修正が可能です。

◉本書の「プロジェクトセーブポイント」

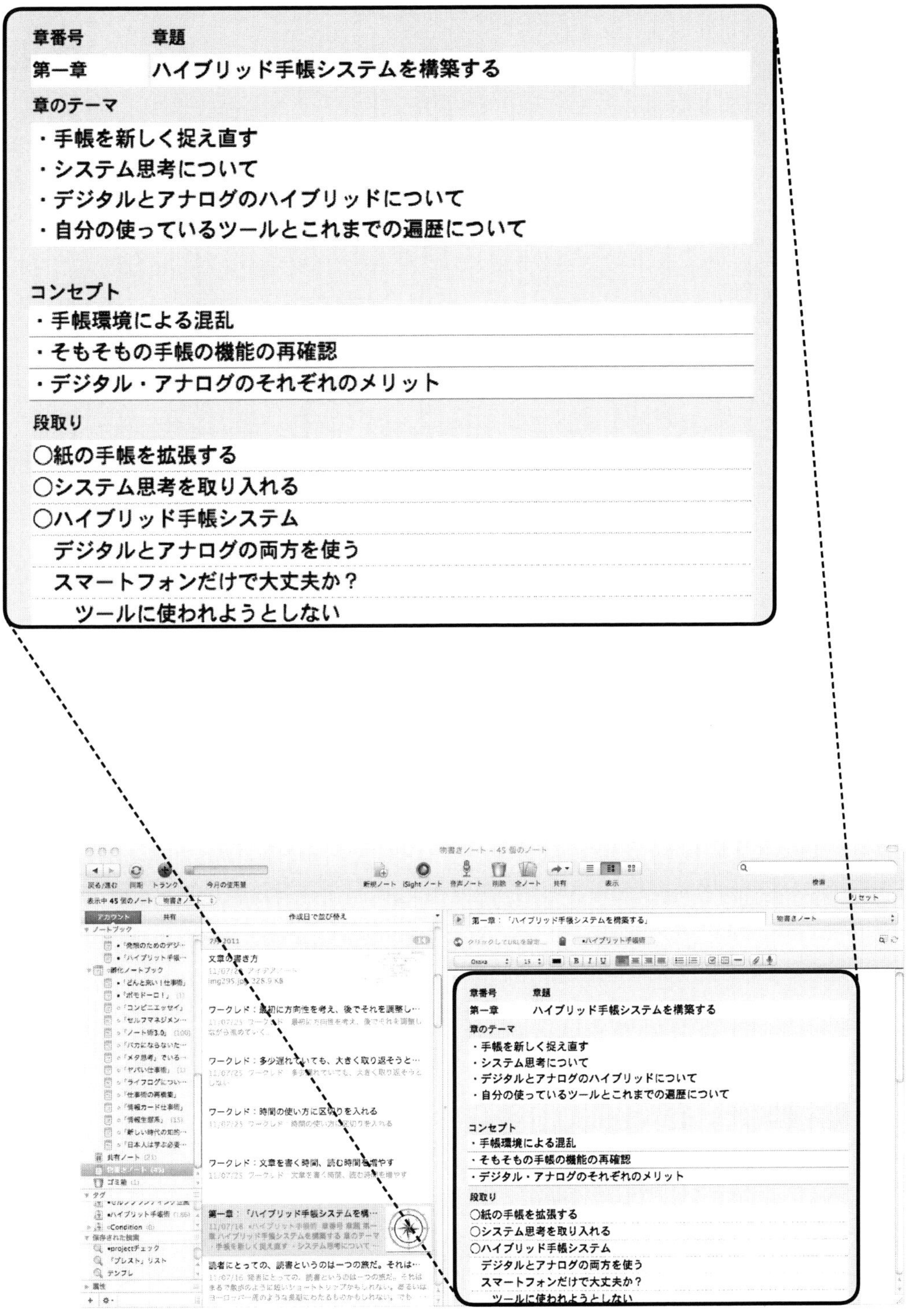

「初心」を記録することの意味

これはＲＰＧでいうところの、セーブポイントのようなものです。状態が混乱してきたら、一度初心に戻って考え直すわけです。そのために、「初心」をどこかに記録しておかなければいけません。当然、企画の方向性が当初とは変わってしまったときも新たにそれを書き残します。

また、トラブルが起こったときなども、その対処法も合わせて記録しておきます。こうした記録は、同じようなプロジェクトを進めるときに、一度でも見返しておけば同じようなミスを防ぐことができます。また、実際問題が起きたときでも、対処法を自分自身の記録から探すこともできます。

31

「クレド」の作成

自分好みの価値観を「クレド」として保存する

クレドとはラテン語で「志」「信条」「約束」を意味する言葉で、現在では企業の経営理念を表す言葉としてよく使われています。それが広がり、自分自身の行動理念を表現する「マイクレド」というものも生まれています。

目標管理とは少し方向が異なるものですが、本書では、さらに意味を広げて、自分にとって大切な言葉や心がけ、あるいは価値観を表現したものを含めて「クレド」と呼んでおきます。

クレドは読書中に発見することもあれば、「立ち止まりノート」と向かい合っているときに出てくることもあります。その時々で「これは大切なことだな」と思っていても、すぐ忘れてしまうのが人間の常です。こうしたものも、折に触れて見返せるように記録しておく必要があります。記録する場所は毎日見るツールがよいでしょう。

私の場合は、「ほぼ日手帳カズン」の旧年12月のページがその場所です。私は1月1日から手帳を切り替えるので、旧年用のページには使い道がありません。ここに、自分にとって大

◉「ほぼ日手帳カズン」の「クレド」

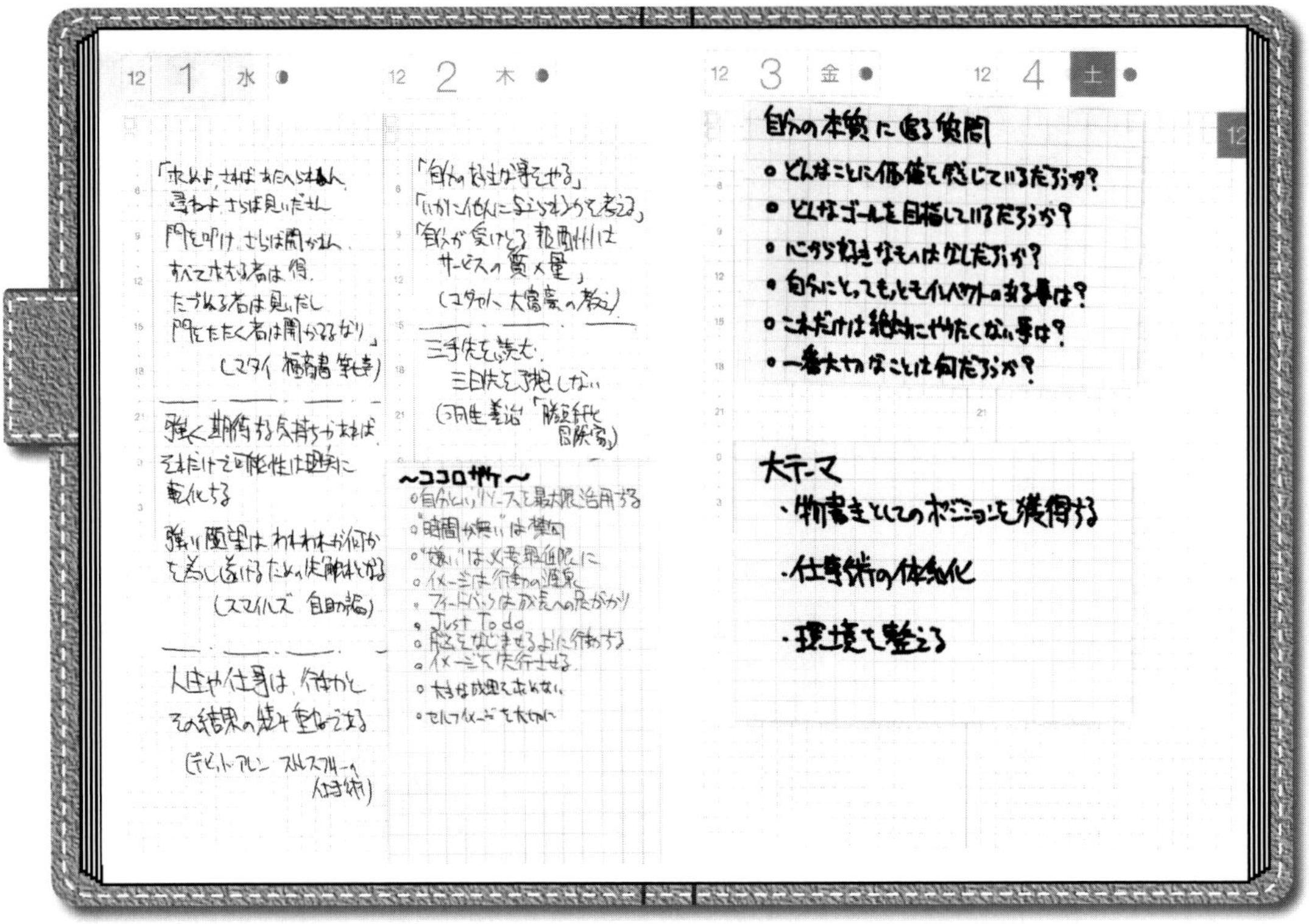

◉Evernote上での「クレド」

切な言葉や、大きなテーマを書いてあります。

「クレド」はいろいろな環境で目にするほうが効果的

またEvernoteにも同じようなノートブックがあります。こうしたクレドは、重複して保存してあっても問題ありません。いろいろなところで目にする環境にした方がより効果的とすらいえるかもしれません。

このクレドもはじめから「完全版」にはなり得ないので、見返す中で、追記したり修正したりという作業を行います。

32 「ライフログメモ」で日々の記録を残す

「ほぼ日手帳カズン」に日々の記録を残す

「手帳システム」の中で、最後に残ったのがいわゆる「手帳」の「ほぼ日手帳カズン」です。スケジュール管理や、タスクマネジメントの用途を別のツールに割り振っていることで、「ほぼ日手帳カズン」のデイリーページはすべてログ(記録)として使うことができています。

この場合のログは、日記的な存在です。ただし、1日の最後に記入するだけではなく、何かを思いついたタイミングでもどんどん記入していきます。

あまり「このように使う」というルールはなく、書きたいことを書きたいように、自由に記入しています。主に記入しているのは、行動記録や感じたこと、あるいは雑感や何かの感想についてです。こうした日々の記録は最近では「ライフログ」と呼ばれています。

ライフログを残す意味

ライフログを残す目的の1つは、後から振り返ることです。振り返りからは、いろいろなものが得られます。それは、本を読んで情報をインプットしたり、Googleを使ってウェブページを検索したりすることとはまったく別の性質のものです。

そして、ぼくはあの震災以来
「それっていつのことだっけ?」と
手帳を振り返る機会が多くなりました。
いろんな考えや出来事、計画が
日付とともに書いてありますから
「その日ならこう考えてもしょうがない」とか
「これだけ経ったんだから、
こういう風に切り替えよう」みたいなことに
いちいち気づかされるし、考えさせられるんです。

これは、『ほぼ日手帳公式ガイドブック2012 どの日も、どの日も、大切な日。』(マガジンハウス)の中の、糸井重里氏の言葉です。これと同じような感覚を私も抱きます。ほぼ日手帳には日々のさまざまな事柄が書き付けてあり、それを後から見返すと、今の自分と過去の自分を見比べることができます。その自分自身の相対化は、自分が記録を残しておくことでしか実現できません。人はいろいろな体験をしますが、それらを次から次へと忘れていきます。極端な表現をすれば、人間は瞬間的な存在です。「今」のこの瞬間と、限られた過去の記憶、そして少しばかりの未来への展望だけが、人間に持ちうる認識です。それはとても平面的な認識でしかありません。

日々の記録を残していくことは、この認識に時間的な厚みを加えることにつながります。言葉を換えれば、「過去の自分」をすべて味方に付けるということです。

梅棹忠夫氏は『知的生産の技術』(岩波書店)で、「人生をあゆんでゆく上で、すべての経験は進歩の材料である」と書いています。しかし、その材料を私達は簡単に見逃してしまいます。あるいは忘れてしまいます。

ライフログは別に効率的なものではありません。特に直接何かを生み出すこともありません。しかし、書き付けておくことでしか得られないものが確かに存在しています。そしてそれは、ある程度記録を残し、後から振り返ってみることでしか確認することはできません。

行動の記録・感情の記録

こうした日々の記録は、ツイッターやブログに残すことも可能です。しかし、その場合ど

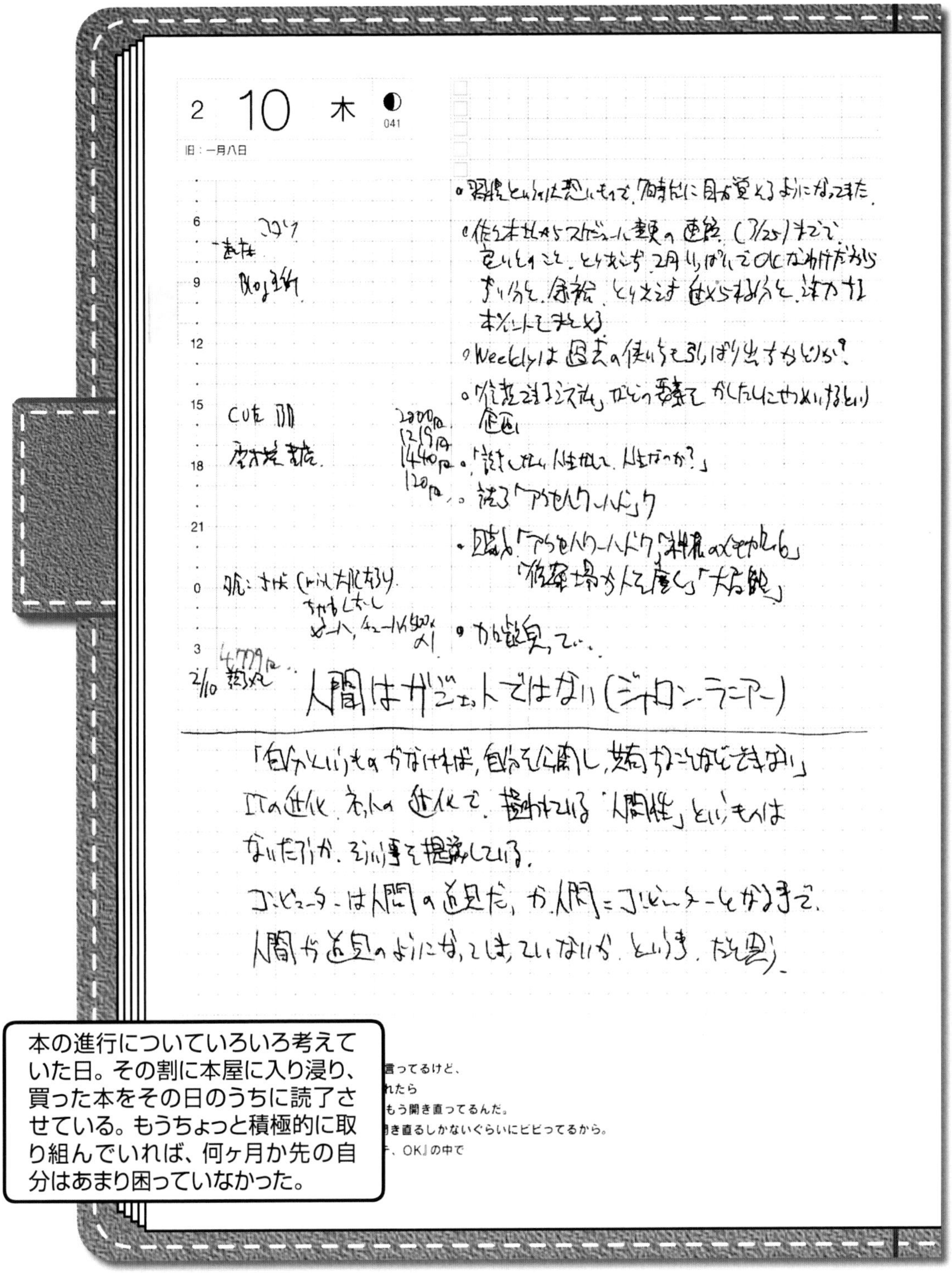

本の進行についていろいろ考えていた日。その割に本屋に入り浸り、買った本をその日のうちに読了させている。もうちょっと積極的に取り組んでいれば、何ヶ月か先の自分はあまり困っていなかった。

うしても他人の目が気になります。自分の考えていることを率直に記録することは難しいかもしれません。その点、自分しか読まない手帳であれば、思うところをあますことなく書くことができます。また、文章のうまい下手を気にする必要もありません。気楽に書き付けることができます。

日々の記録は、このように気楽に書き残せることが大切です。いちいち身構えてしまっては、きっとほとんど何も書かないことになってしまうでしょう。そして、書いたときに何でもないことが後になって価値が出てくることがあります。こうしたライフログメモを残していく場合は、気構えずに楽に記入することが何よりも大事です。

「ほぼ日手帳」は２００３年から使っており、記入のスタイルも徐々に変化しています。基本的にはラフなスタイルで記入していますが、ある程度はフォーマットのようなものができつつあります。

ライフログのための「ほぼ日手帳カズン」の使い方

「ほぼ日手帳カズン」はＡ５サイズで記入欄が広いので、３つのスペースに分割して記入しています。

時間軸に一番近い左上は行動記録のスペースです。右側には出来事や、感じたこと、考えたことなどを記入します。

ページの下部のスペースはノート欄として使っています。読んだ本や見た映画などの感想、あるいは「初めて入ったカフェについて」などを記入しています。

忙しいときは起床時間だけしか記入しない日もあれば、右上のスペースでは書ききれずにノート欄にまではみ出て記入する場合もあります。また、マスキングテープを使ってチケットなどを貼ったりもしています。

ちなみに記入に使っているのは、ほぼ日手帳におまけで付いてくる3色ペンです。中身は三菱鉛筆の**JetStream**（ジェットストリーム）の0・5ミリ。加えて、プラチナ万年筆の**preppy**（プレピー）という手軽で安価な万年筆も使っています。

◉ライフログの基本フォーマット

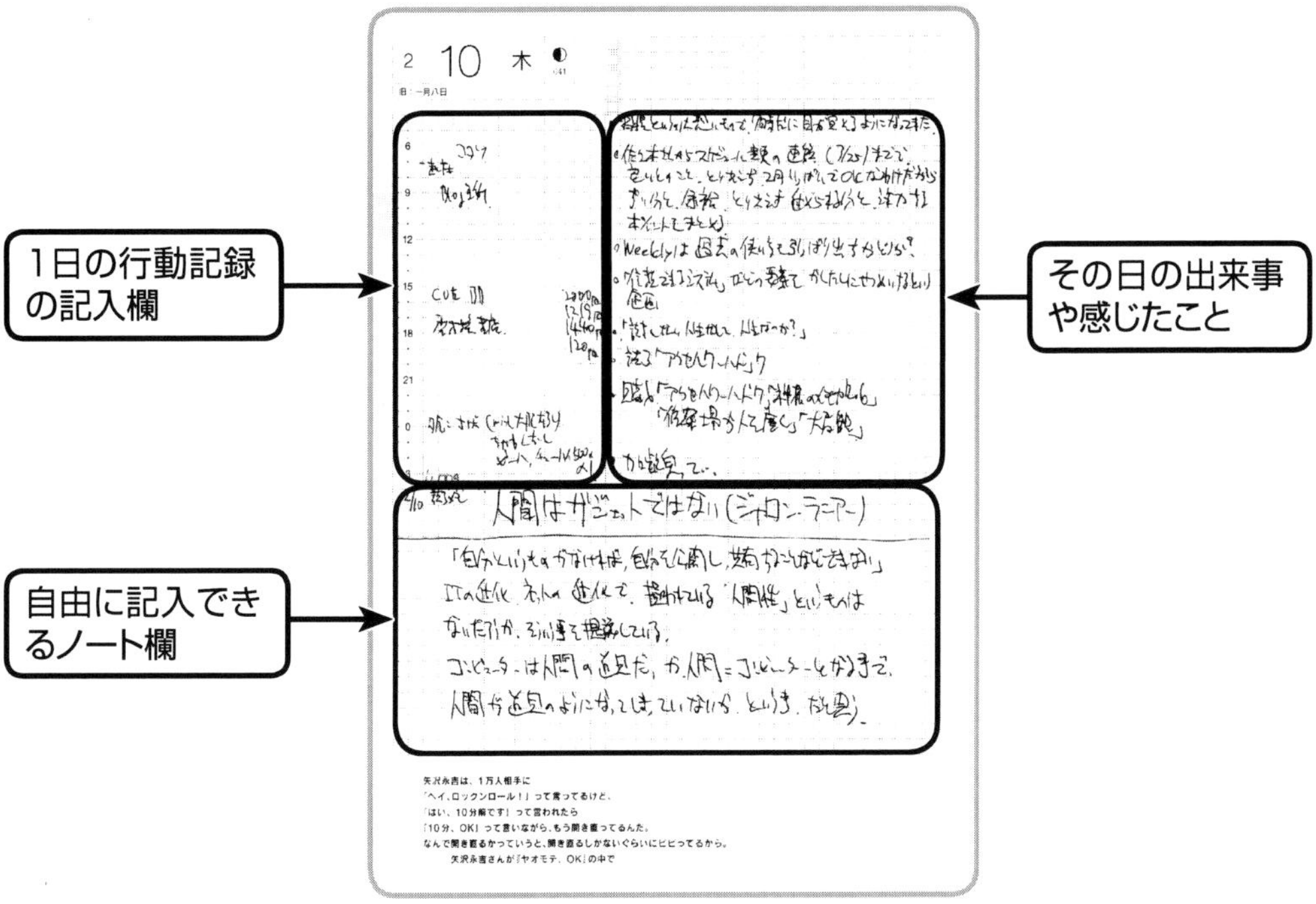

「ほぼ日手帳」には、バタフライストッパーという独特なペン差しが付いており、それを使えば2本のペンを手帳と一緒に持ち歩くことができます。

ライフログでは「公私混同」推奨

あまり記入に制約のない「ほぼ日手帳カズン」の使い方ですが、1点だけ気を付けていることがあります。それは「公私混同する」ということです。仕事のことでも、プライベートのことでも、特に線引きせずにこの手帳に記録していきます。

仕事の情報は、仕事の情報でまとめてある方が使いやすいことは確かです。しかし、後で手帳を読み返したときに仕事の情報しか残っていないとしたらどんな気持ちがするでしょうか。まるで、自分の人生は仕事しかなかったような感じを受けないでしょうか。

人の記憶力はあまり当てになりません。それを補強するのが記録です。記録を見返すことで、眠っていた記憶を想起することができます。もし、仕事についての記録しか残っていなければ、自分の人生は仕事しかなかったような感じを受けるかもしれません。

しかし、私達はさまざまな役割を背負って生きています。仕事をする人であったり、家庭を持つ人であったり、友人関係の中の人であったりと、可能性は多様です。そして、それらを総合したものが「私」という人間になります。

●ある日のライフログ

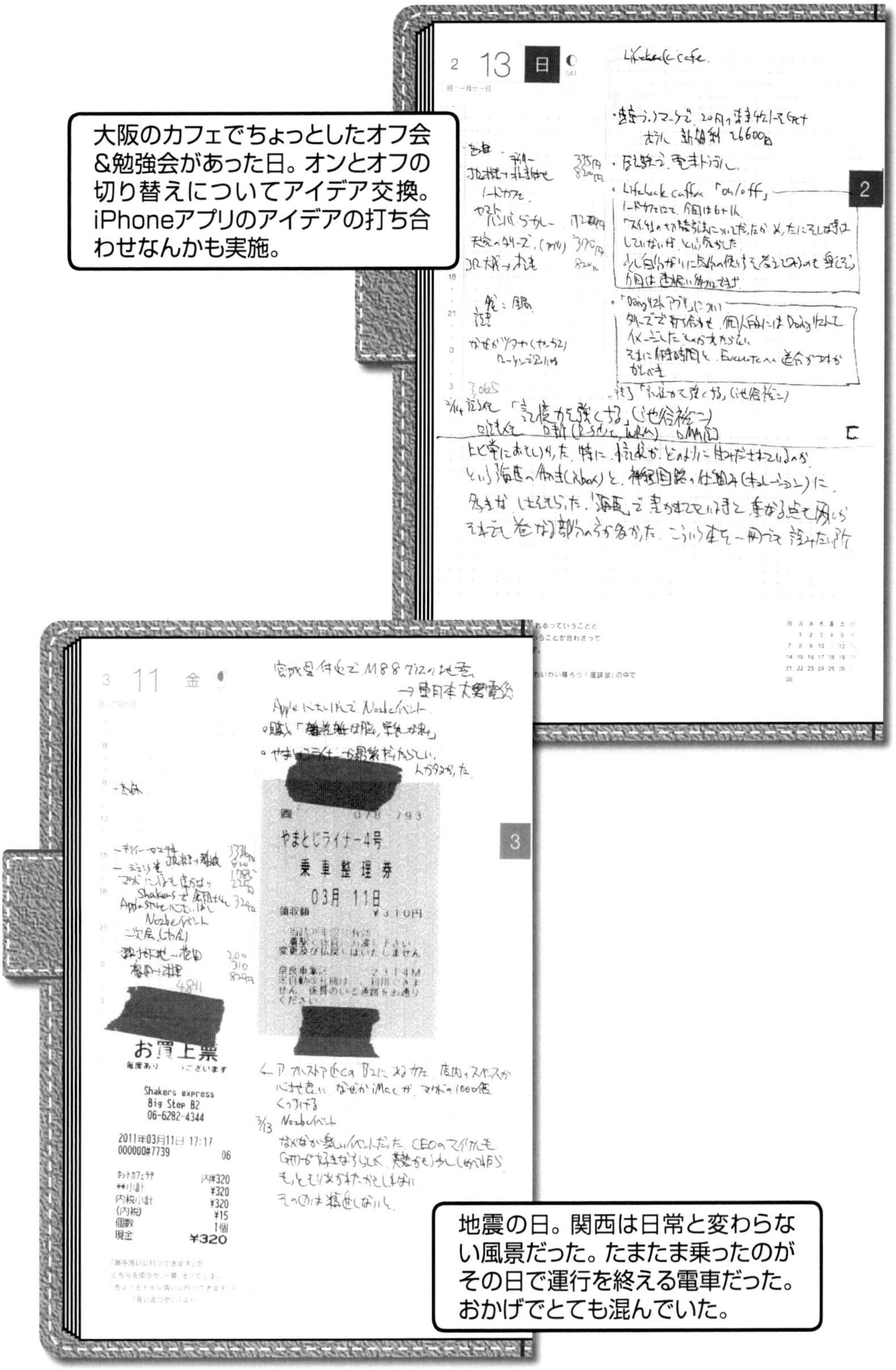
大阪のカフェでちょっとしたオフ会&勉強会があった日。オンとオフの切り替えについてアイデア交換。iPhoneアプリのアイデアの打ち合わせなんかも実施。
地震の日。関西は日常と変わらない風景だった。たまたま乗ったのがその日で運行を終える電車だった。おかげでとても混んでいた。

仕事を進める上で、効率化を意識しすぎると、こうした側面が切り取られてしまう傾向があります。特に「企業戦士」などという言葉が存在した日本社会の頃は、その傾向が強かったのかもしれません。

しかし、後で振り返ることを考えれば、仕事のことしか記録が残っていないのは随分と寂しいことです。振り返って後ろを確認したときに、自分の「前」を間違えてしまうかもしれません。

ディケンズの『クリスマス・キャロル』で、主人公のスクルージは過去と現在のクリスマスの精霊によって、自分が失ってきたものを知ることができました。さらに未来のクリスマスの精霊によって、自分がこのまま進めばどのような結末を迎えるのかを知り、それを変えるために、自らの行動を改めました。

残念ながら、私達の前にこんな親切な精霊は現れてくれません。でも、日々の記録を残していくことはできます。過去を振り返り、現在を知ることができれば、未来についてもおぼろげながらにはイメージできることでしょう。その振り返る過去が仕事の情報しかなければ、きっと未来についても同じようなイメージしか湧いてきません。

私自身は、そういう記録の残し方をしたいとは考えていません。

◉ある日のライフログ

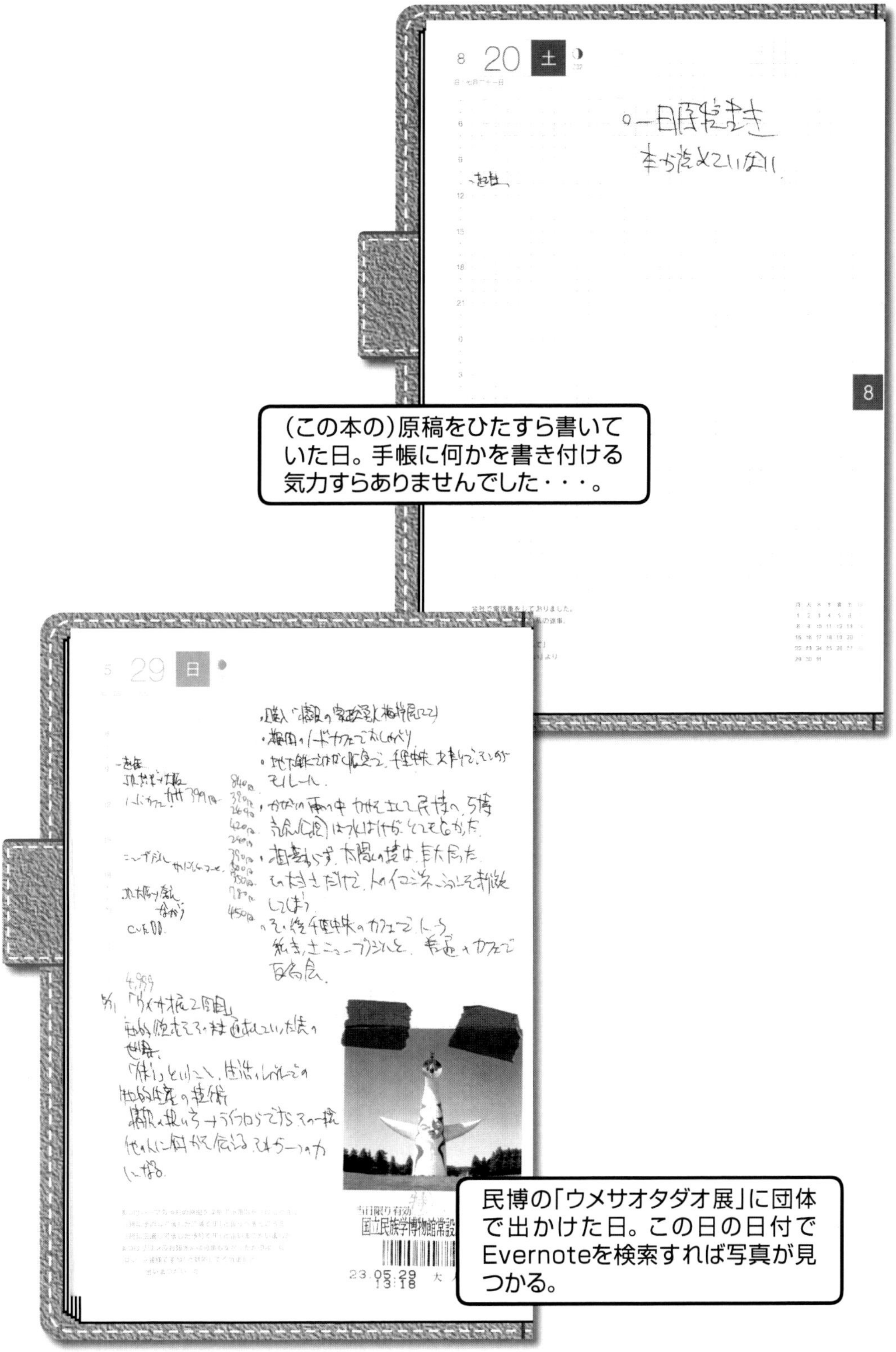
8 20 土
(この本の)原稿をひたすら書いていた日。手帳に何かを書き付ける気力すらありませんでした・・・。
5 29 日
民博の「ウメサオタダオ展」に団体で出かけた日。この日の日付でEvernoteを検索すれば写真が見つかる。

手帳がライフログに最適な理由

このようなライフログメモを「ほぼ日手帳カズン」に残していることには、もちろん意味合いがあります。

単純にデータを残すという点では、デジタルデータの方が使い勝手がよいことは確かです。しかし、これらを編集したり、外部に送信したり、検索したりすることはありません。単に後から読み返すだけです。この点ではデジタルデータであるメリットはほとんどありません。そして「読み返す」という用途に限定すると手帳の方が持つメリットが大きくなります。

たとえば、「ほぼ日手帳」であれば1日が1ページにまとまっています。オリジナルサイズでもカズンサイズでもこれは同様です。よく「○○は1枚の紙にまとめなさい」というビジネス書がありますが、1枚にまとまっているのは確かに視認性が上がります。もし、デジタルデータでいくらでも記入できるとなれば、きっと見返したくなる気持ちは減少します。長すぎる報告書を目の前にしたときを想像してみるとわかりやすいかもしれません。

またアナログツールなので、文字でもイラストでも写真でもレシートでも雑多なものをページ上に配置していくことができます。デジタルデータだと、このように混在したものを残すのはなかなか手間がかかります。雑多な情報を、1枚の紙に集約できる、これが特徴の

1つです。

同じアナログツールでも、1冊のノートに時系列で記入していった場合は、1日ごとの密度にページ数が依存します。たくさん記入した日はページ数が多く、記入しなかった日はページそのものが存在しません。しかし、ページが存在しなかったとしても、その1日は確かに存在したはずです。書けなかった日、書くことが無かった日であっても、自分の1日であることには違いありません。白紙という形であっても自分の1日が残っているのが1日1ページの手帳の特徴です。

もう1つが「綴じてある」という点です。ほぼ日手帳は名前の通り手帳なのですが、なかなかの厚みがあり、カバーを取って置いておくと「本」とさほど変わりありません。このように綴じてあるとパラパラと読み返すことができます。1ページずつかなりの速度でめくっていくことができます。

いずれ技術的な進化が進めば、デジタルのデータでもこれと同じようなことが実現できるはずです。しかし、今のところ、こうした読み返しはアナログのツールの方が得意です。

これらが「読み返す」ことを念頭に置いた場合の手帳のメリットです。

ライフログメモの目的は、後から振り返ることだと書きました。であれば、後から振り返りやすいツールを使うのがベストです。それも1日1日が独立したものではなく、1年という連続性の中で、その日を確認できるものがよいでしょう。パラパラと読み返していって、気になった日があったらその前後の日をチェックする。こういう使い方ができるのが綴じた紙の手帳の魅力です。

そういう意味合いからいえば、「ほぼ日手帳カズン」への日々の記入は、将来の自分が読むための本を作っているといえるかもしれません。

手帳とセルフマネジメント

CHAPTER-5では、手帳における目標と記録について紹介しました。その他の**CHAPTER**に比べて「実用性」はそれほど強く感じられないものでしょう。しかし、長期的に見た場合、こうしたものが持つ力はなかなか大きいものです。

高性能なエンジンを積んだ自動車でも、ガソリンが入っていなければ、前に進むことはありません。また、ドライバーがどちらが前方かをわかっていなくても、目的地にはたどり着けないでしょう。

目標や記録が持つのは、そういった力です。こういった要素もセルフマネジメントとしては欠かすことができないものでしょう。

スマートフォンの登場で、手帳の大部分の機能はデジタル化あるいはクラウド化することができます。しかし、それで本当にすべての機能が代用できているのか、それ以外にセルフマネジメントで必要なものはないのかについて、少し立ち止まって考えてみる必要があるのではないでしょうか。

Column

「ほぼ日手帳」の年間カレンダー

CHAPTER-5でも紹介しましたが、「ほぼ日手帳」のデイリーページ下の部分を「ノート欄」として使っています。その日に読んだ本などの感想や、漠然と考えたことを大まかに書き出すスペースです。この部分のインデックスを作っておくと、後から見返すときに便利です。

インデックスに使っているのが「年間カレンダー」のページです。1年間のカレンダーが合計4ページでまとめられています。カレンダー的な情報はすべてGoogleカレンダーに保存してあるので、このページに記入するものがありません。また記入欄も小さいので、旧年12月の「クレド」ような使い方はできません。そこでこの部分をノート欄のインデックスとして使っています。

1週間に一度、デイリーページを見返してノート部分の「表題」を年間カレンダーのその日付の部分に記入していきます。私の場合、レビュー的なものは青色で、それ以外の雑感は黒で記入しています。もともと記入できるスペースはそれほど多くないので、表題はざっくりしたものです。書籍であればメインのタイトルだけで著者名などは記入しません。これだけでインデックスの完成です。

これを見返すと、いろいろ発見があります。「今年はこんな種類の本をたくさん読んでいたな」とか「この時期、まったく読書できていなかったな」という発見であったり、「2カ月間で、タイトルに「40代」と入った本をいくつか読んでる」という発見もあります。1日のページだけでは見えてこなかったようなものが、インデックスの作成で発見できるようになるわけです。

これはちょっとした手間をかけるだけの価値があります。

APPENDIX

ツールと楽しく付き合うちょっとしたコツ

33 ツールと楽しく付き合うちょっとしたコツ

ツール選びのちょっとした4つのコツ

本書では、さまざまなツールを紹介してきました。これらのツールが絶対的な答えだとは主張しません。私にとって使いやすいものを選択してきた結果、今のようなツールを使うようになっただけです。おそらく、今後も新しいツールが登場したり、自分自身の環境が変化すれば、きっと使うツールを変えていくでしょう。それはごく自然なことです。

手帳から「ハイブリッド手帳」システムへと考え方を切り替えれば、1つのツールにこだわる必要はありません。さまざまなツールを好きなように使い分けていくことができます。新しいツールを加えたり、あるいは別のツールに置き換えることも無理なく行えます。

できれば、ツールとは楽しく付き合っていきたいものです。「上司は選べないんだから、手帳ぐらい自分の好きなものを使おう」という言葉を聞いたことがありますが、確かにその通りだと思います。

日常的に使うツールは、自分の仕事のパートナーのような存在です。自分で選択できるものであれば、何かしらのこだわりは持ちたいところです。最終的には、それが仕事との付き合い方を変えていくかもしれません。

本書の最後に、ツールを楽しく使うためのちょっとしたコツを4つ紹介しておきます。これが、皆さんのツール選びの参考になれば幸いです。

好みのツールを使う～好みは機能に勝る

1つ目のコツは、「自分好み」のツールを使うことです。この場合の好みとは、デザイン、色、形状、手触り、見た目、雰囲気、あるいはブランドといったものも含まれます。そういった要素はできるだけ尊重したほうがよいでしょう。

もし、機能的にとても優秀だけれどもあまりデザインが気にいらないツールと、とても気に入っているが機能は普通のツールがあるとすれば、ぜひとも後者を選択したいところです。好みは機能に勝ります。

手帳やノートなどのツールは長期的に使うものであり、また1日に何度も目にしたり、手に触れたりもします。そういったツールが自分の感覚に合わないのは、なかなか苦痛な状況です。

一番の問題は、なんとなくそのツールが見たくなくなってしまうことです。情報を記録し、後で見返して活用するためのツールなのに、それを見なくなっては意味がなくなります。これは、気むずかしげにしている上司には声をかけにくいというのに似ているかもしれません。

逆に、自分好みのツールであれば、誰かに強要されなくても折に触れて見返すことでしょう。手帳やノートと付き合っていく上では、こちらの方が大きな意味合いを持っています。どれだけ優れた手帳やノートでも、自分との距離が空いてしまえば、うまく付き合うことはできません。その距離を縮めるための方法が自分好みのツールを使うことです。

ただ、どうしても自分で選択できないものもあります。そういう場合は、意識的にそれらに触れる回数を増やしてみることです。

心理学では「単純接触効果」というものがあります。同じ物に繰り返し接すると好意度や印象が高まる効果のことです。テレビＣＭなどが、何度も何度も繰り返されるのはこの効果を意図しているとも言われています（下條信輔著、筑摩書房刊、『サブリミナル・インパクト―情動と潜在認知の現代』より）。

どうしても使わなければならないツールであれば、いやいや使うのではなく、積極的に接触回数を増やし、なるべくツールを好きになるように工夫した方がよいでしょう。

好みのツールを使っていることのメリットは「見返し」の頻度があがることだけではありま

せん。そのツールの中に含まれている情報に対する心理的価値も変わってきます。

仕事をこなす人がツールにこだわっているのをよく見かけます。それをみるとそのツールがとても凄いように感じられます。しかし実際の所、その話は逆なのかもしれません。つまり、自分好みのツールを持っているから仕事がこなせるということです。つまりツールそのものよりも、こだわりの方に意味があるということです。

2つのシチュエーションを想像してみてください。とてもイヤな上司に乱暴に仕事と頼まれるのと、好感の持てる上司に丁寧にお願いされる。頼まれている仕事の内容がまったく同じでも、取りかかろうとする気持ちに差は生まれないでしょうか。よほど心ができた人でないかぎり、差は生じるはずです。

行動経済学では、人が何に価値を置くのか、あるいはその価値をどのぐらいに評価するのかは、環境によって変化するとされています。必死でアルバイトして稼いだ1万円と、道ばたで拾った1万円を「同じもの」とは感じないでしょう。こうした状況による評価の差は、金銭的なものだけではなく、もっと普遍的な要素を持っています。

総じて言えば、感情は行動に影響を与えます。好みのツールを使っている、それだけで仕事に対して前向きな気持ちが湧いてきたとしてもまったく不自然なことではありません。

無理をしない〜環境に合わないものは使わない

2つ目のコツは「無理をしない」ことです。手帳の進化が進む中で、さまざまな機能が付いた商品が生まれています。中には、ものすごい量の書き込みを必要とするものもあります。いくらそういった商品に人気があったとしても、自分に使えそうでなければスルーしておくのが賢明です。

私はA5サイズの「ほぼ日手帳カズン」を使っていますが、それほど記入しないのならばオリジナルサイズの「ほぼ日手帳」を使う選択もあります。モレスキンも高価すぎて記入がためらわれるぐらいであれば、普通のミニノートを使えばよいでしょう。

ツールは何かを実現するための手段でしかありません。しかし、ツールそのものを優先させてしまうと、手段と目的がごっちゃになってしまいます。

高機能なツールは、確かに業務効率化の助けになるかもしれません。しかし、必要のない作業を増やしてそれを効率化してもまったく意味はありません。逆に言えば、ツールを選択する場合、それを使うことで自分は何を実現したいのかをしっかりと考えておく必要があります。あるいは、一度選択した後でも、そのことについて考える必要があることもあるでしょう。環境が変われば、目的も変わります。

職種、職場、役職が変われば、仕事の内容も変化します。そういう時に、「昔からのやり方だから」と同じツールを使い続けることも一種の無理をしていることになります。

これはゴルフクラブで考えてみるとわかりやすいかもしれません。トッププロが使っているクラブを自分が持ったとしても、同じような成績が残せるようにはなりません。背丈や筋力が違うのですから当然です。

また、クラブセットの選択でも同様です。コースによってどのクラブを持って行くのかは微妙に変化するでしょう。自分の腕前が変われば、セットの選択も変わってくるはずです。

ツールというのは、そういったものです。型にはめて無理矢理使うのではなく、環境に合わせて使うものをセレクトします。もし、自分に合わないツールを使い続けていけば、「見たくなくなる」「使いたくなくなる」という問題が発生するでしょう。

自分にとって、自然に使えるツールを適切に配置していくのが理想的な環境です。

アレンジしてみる〜少々見栄えが悪くても愛着を持ちやすい

3つ目のコツは「アレンジ」を加えてみることです。

アレンジには、「見た目」に関するものと「使い方」に関するものがあります。アナログツールはこの両方でアレンジが加えやすいのが特徴です。

「見た目」はカバーにアレンジを加えたり、シールやステッカーを貼ったり、写真を挟んだりといった工夫です。最近の手帳術ではこういった点もよく注目されています。これは「自分好み」のツールに仕立てる方法とも言えます。

「使い方」の工夫は、多種多様です。自分なりの使い方を考えたり、あるいは自分が使いやすいように改良を加えることもこの範疇に含まれます。いわゆる「手帳術」として紹介されているものです。しおり紐を独自に追加する・付箋とノートを組み合わせる・ページの端を切り取る……などさまざまな工夫が考えられます。

こうしたテクニックは「利便性」を上げる目的で紹介されています。実際そうした工夫を加えることで使いやすくなることは確かです。しかし、それ以外にも、そのツールへの愛着度を上げる効果もあります。

ダン・アリエリーの『不合理だからすべてがうまくいく―行動経済学で「人を動かす」』（早川書房）の中で、「イケア効果」というものが紹介されています。簡単にいってしまえば、出来合の製品よりも、自分で苦労して組み立てた家具の方が、たとえ少々見栄えが悪くても愛着を持ちやすいという現象です。いくつかある原則のうちの1つを引けば、「労力をかければかけるほど、愛着も大きくなる」となります。

自分でこうしたアレンジを考えるのは、ちょっと面倒なような気がします。そこにあるものをそのまま使っている方が労力という点では確かに楽でしょう。しかし、自分なりのアレンジを加えるという一手間をかければ、ツールへの愛着度が上がります。これもツールを楽しく使うための1つの工夫です(実際、手帳術にものすごく凝っている人は、だいたいその手帳を溺愛しています。これは卵か鶏のどちらが先かはわかりませんが)。

全体の流れをイメージする〜イイトコドリをするために

最後のコツは、全体の流れをイメージしておくことです。

まず、情報がどのように流れるのかを考えます。最終的にその情報はどのように使われるのかがわかれば、デジタルがよいのかアナログがよいのかが見えてきます。多くの情報はデジタルで保存した方が効率は上がるかもしれませんが、アウトプットにつながるのではなく、単に見返すものならばアナログでも問題ありません。

また、それぞれのツールを使う状況をイメージします。日常的に使うのか、たまに使うのか、短期で処理するのか、長期間保存するのか、これによって適切なツールは変わってきます。日常的に使うツールは、日常的に入手できるものが良いでしょう。それ自身で長期間保存したいものは綴じノートに、スキャンして保存できればそれでよいものはノートパッドが便利です。

また、どういう状況で記入するのかが違えば、ツールのサイズも変わってきます。大きな机の上に置いて書くのか、電車内の膝の上で記入するのか、これらが異なっていれば適切な大きさは変わります。

逆にどういう状況でそれを参照するのかも、ツールを考える上では重要です。もし、電波の入らない場所でスケジュールを頻繁に確認する必要があればGoolgeカレンダーは逆に不便なツールになるかもしれません。歩きながら読み返すのに、Ａ４サイズのノートは大きすぎます。

こうしたことを判断するためには、日常的に自分がどのように情報を処理しているのかを把握しておく必要があります。それがわかっていないと、ちぐはぐなツールを選択してしまいがちです。

これは「手帳術」についても同じことが言えます。「手帳術」について書いた本の中でこういったことを書くのはちょっと気が引けますが、他人の手帳術はあくまでその人用にカスタマイズされたものです。何か実現したいことを、環境に合わせて最適化し、ツールを使って具現化したものとも言えます。

そうした過程を無視して他の人の手帳術を真似しても、うまく使えるようにはならないでしょう。逆に、自分の中での情報の流れが把握できているのであれば、他の人の手帳術の良いところ取りができます。

CHAPTER-5では、「立ち止まりノート」を紹介しました。もし、いろいろな手帳を試しても、もやもやした感じが消えないならば、新しい手帳を試す前に、自分の状況や実現したいことを書きだしてみると良いでしょう。それがツールと楽しく付き合う新しい出発点になるかもしれません。

おわりに　セルフマネジメントと記録

本書では、今まで使われていた「手帳」という言葉を再定義してみました。日常的に持ち歩く手帳において、スケジュール管理は単にその機能の一面でしかありません。タスクやメモあるいは目標といった情報も管理することもできます。これを一歩引いた視点でみれば、大きな枠組みでの「セルフマネジメントツール」としての姿が浮かび上がってきます。

一昔前ならば、最低限のスケジュール管理だけで問題なく仕事をこなせたのかもしれません。しかし、忙しい現代においてそれだけでは充分ではありません。仕事や予定は絶え間なく降り注ぎ、それを受け止める皿はすぐに一杯になってしまいます。その状況を放置していれば、いつまでたっても仕事に追われている感覚がつきまとってくるでしょう。このように見通しが立たず、状況のコントロールもままならない状況で仕事を前向きに進めていける人がいたとしたら、それはまさしく超人です。仕事を取り巻く環境が変化すれば、それをサポートする手帳の使い方も変わってきます。

さらに雇用の不安定化、成果が求められる状況、生き方の多様化など社会の変化によって、手帳に求められる機能も変わりつつあります。時代と共に手帳もまた、その役割を変えていくわけです。

最初は単に備忘録として使われていた手帳が、仕事をうまく進めるためのツールとして使われ、そして人生をよく良く生きるためのツールとして使われるようになってきています。現代の手帳に求められている、このような機能の多様化・多重化は、1冊の紙の手帳には少々荷が重すぎる状況です。幸いスマートフォンの登場によって、スケジュールやデータ管理をクラウドツールで行うことが可能になっています。そういった状況を踏まえて、手帳が持っていたさまざまな機能を、それを得意とするツールで役割分担していく、というのが「ハイブリッド手帳」システムの考え方です。

本書で紹介した「ハイブリッド手帳」の構成は、あくまで私の環境に最適化したものでしかありません。実際が使われる場合は、また違った最適化が必要でしょう。それでも、そのシステムの目的は同じです。セルフマネジメント――自分を前に進める――ためのツールです。その目的を実現するには、単に機能の面だけに注目するのではなく、「どのように使うのか」「どうすれば仕事を進めやすいのか」などを考慮することも必要です。

「どのように使うのか」は自身の置かれている環境を知ることがスタートです。「何が必要か」「どのような形で必要か」が見えてこないと、そもそものツール選択すらできません。「どうすれば仕事を進めやすいか」はメンタル的な要素も重要です。人間は命令を入力されたら、そのまま行動する規律正しいロボットではありません。大きなビジョンでやる気が高まったり、逆に不安感でうまく行動が取れなくなったりする不安定な動物です。まったく同じ人でも職場によって働きやすかったり、そうでなかったりします。同様にタスクリストの作り方1つでも、1日の仕事の進め方に影響が出てきます。こういった要素は仕事を進めていく上で無視することはできません。

加えて、自分を前に進めるためには、自分にとっての「前」も定期的に確認しておく必要があります。

眺めてみると手帳というのは非常に面白いツールです。

今日という日付を境にして、それよりも先のページは「予定」に、後ろのページは「記録」になっています。つまり、1冊の中に未来と過去が共存しているわけです。未来の情報を保存し、それを「今」利用し、最後にそれが記録として残る。そういった情報の流れが1冊の中に存在しています。

この「記録」が持つ力は、とても大きい物です。それはデジタルの形式でも、アナログの形式でも変わりません。これは視野を人類全体に広げてみれば、一目瞭然です。私たちは記録に残された技術や知識を学び、刻まれた歴史から教訓を得ます。つまり、過去の蓄積から未来を作ってきたわけです。

これは、個人レベルに落とし込んでも同じことが言えます。私たちは自分が考えているよりも、多くのことを体験し、そしてそれを忘れているのです。記録を残すことで、そうした体験を再び記憶の中に呼び戻すことができます。長期間にわたって記録を残している人と、そうでない人に大きな差が生まれたとしても驚くべきことではないでしょう。極端な言い方をすれば、文字を持った人類とそうでなかった人類との差に近しい関係があるかもしれません。自分自身の過去の蓄積から、未来を描くこと。手帳はそれを助けるためのツールと言えるかもしれません。

本書が、セルフマネジメントの出発として、あるいは自分の記録を残すことのきっかけとして何かの役立っていれば著者としては望外の喜びです。

最後になりましたが、1冊目、2冊目と同じくギリギリまで原稿が上がらない著者をサポートしてくださった編集者の三浦聡様には頭が上がりません。また、今回「手帳」について改めて考える場を提供してくださった、C＆R研究所代表取締役の池田武人様のおかげで、私自身手帳について多く学ぶことができました。ありがとうございます。

本の内容をまとめるにあたっては、ブログやメルマガで書いてきた内容がたいへん役立ちました。これもまた記録の1つの力かもしれません。こうした活動が続けていられるのも、応援してくださる方々のおかげです。そして、いつもニコニコと私の活動を支えてくれている妻にも感謝の言葉を述べて、本書のおわりにしたいと思います。

2011年8月

倉下忠憲

●参考文献

手帳進化論―あなただけの「最強の一冊」の選び方・作り方　（舘神龍彦著、ＰＨＰビジネス新書）
入門！システム思考　（枝廣 淳子　内藤 耕著、講談社）
文房具を楽しく使う（ノート・手帳篇）　（和田哲哉著、ハヤカワノンフィクション文庫）
アート・オブ・プロジェクトマネジメント―マイクロソフトで培われた実践手法
（スコット・バークン著、オライリー・ジャパン）
ひとつ上のＧＴＤ　ストレスフリーの整理術　実践編　仕事というゲームと人生というビジネスに勝利する方法
（デビッド・アレン著、二見書房）
７つの習慣―成功には原則があった！　（スティーヴン・Ｒ・コヴィー　ジェームス・スキナー著、キングベアー出版）
プロフェッショナルの条件―いかに成果をあげ、成長するか　（Ｐ・Ｆ・ドラッカー著、ダイヤモンド社）
マニャーナの法則 明日できることを今日やるな　（マーク・フォスター著、ディスカヴァー・トゥエンティワン）
「超」手帳法　（野口悠紀雄著、講談社）
情報は一冊のノートにまとめなさい　（奥野宣之著、ダイヤモンド社）
組織を強くする技術の伝え方　（畑村洋太郎著、講談社現代新書）
知的生産の技術　（梅棹忠夫著、岩波新書）
ほぼ日手帳公式ガイドブック２０１２　どの日も、どの日も、大切な日。　（ほぼ日刊イトイ新聞　マガジンハウス）
クリスマス・カロル　（ディケンズ　松岡花子訳　新潮文庫）
サブリミナル・インパクト―情動と潜在認知の現代　（下條信輔著、ちくま新書）
不合理だからすべてがうまくいく―行動経済学で「人を動かす」　（ダン・アリエリー著、早川書房）

■著者紹介

倉下《くらした》　忠憲《ただのり》　1980年、京都生まれ。ブログ「R-style」「コンビニブログ」主宰。24時間仕事が動き続けているコンビニ業界で働きながら、マネジメントや効率よい仕事のやり方・時間管理・タスク管理についての研究を実地的に進める。現在はブログや有料メルマガを運営するフリーランスのライター兼コンビニアドバイザー。著書に『EVERNOTE「超」仕事術』『クラウド時代のハイブリッド手帳術』(どちらも小社刊)、『Facebook×Twitterで実践するセルフブランディング』(ソシム)がある。TwitterのIDは"rashita2"。

●ブログ「R-style」
http://rashita.net/blog/
●ブログ「コンビニブログ」
http://rashita.jugem.jp/

■本書について

●本書に記述されている製品名は、一般に各メーカーの商標または登録商標です。なお、本書では™、©、®は割愛しています。
●本書は2011年8月現在の情報で記述されています。

編集担当：吉成明久 / カバーデザイン：秋田勘助(オフィス・エドモント)

目にやさしい大活字
クラウド時代のハイブリッド手帳術

2015年1月9日　　初版発行

著　者　倉下忠憲
発行者　池田武人
発行所　株式会社　シーアンドアール研究所
本　社　新潟県新潟市北区西名目所 4083-6(〒950-3122)
電話　025-259-4293　FAX　025-258-2801

ISBN978-4-86354-770-4 C0034